U0101151

芝加哥大学
写作技巧问答

But Can I Start a Sentence with "But"?
Advice from the Chicago Style **Q&A**

美国芝加哥大学出版社编辑部——著

郭在宁——译

图书在版编目（CIP）数据

芝加哥大学写作技巧问答 / 美国芝加哥大学出版社
编辑部著；郭在宁译. -- 北京：北京联合出版公司，
2024.4

ISBN 978-7-5596-7444-9

Ⅰ.①芝… Ⅱ.①美…②郭… Ⅲ.①英语—写作—
问题解答 Ⅳ.①H315-44

中国国家版本馆CIP数据核字(2024)第072081号

BUT CAN I START A SENTENCE WITH "BUT"? Advice from the Chicago Style Q&A
By The University of Chicago Press Editorial Staff
With a Foreword by Carol Fisher Saller
Licensed by The University of Chicago Press, Chicago, Ilinois, U.S.A.
©2016 by The University of Chicago. All rights reserved.

本书中文简体版权归属于银杏树下（上海）图书有限责任公司
北京市版权局著作权合同登记号 图字：01-2023-1052

芝加哥大学写作技巧问答

著　　者：美国芝加哥大学出版社编辑部
译　　者：郭在宁
出 品 人：赵红仕
选题策划：后浪出版公司
出版统筹：吴兴元
责任编辑：孙志文
特约编辑：王逸菲
营销推广：ONEBOOK
装帧制造：墨白空间·黄怡祯

北京联合出版公司出版
（北京市西城区德外大街 83 号楼 9 层　100088）
后浪出版咨询（北京）有限责任公司发行
天津雅图印刷有限公司　新华书店经销
字数 80 千字　787 毫米 × 1092 毫米　1/32　4.75 印张
2024 年 4 月第 1 版　2024 年 4 月第 1 次印刷
ISBN 978-7-5596-7444-9
定价：36.00 元

编辑也许是个血腥的职业。

但刀子并不是屠夫的专利，医生也会用刀。

—— 布莱克·莫里森（Blake Morrison）

目　录

前 言

从 1997 年 起,《芝加哥手册》(*The Chicago Manual of Style*)的读者就开始在手册官方网站的问答页面上提交各种关于行文格式和语法的问题,芝加哥大学出版社的编辑每月会更新这个页面。在有官网之前,我们偶尔会通过电话回答问题。但并不是我们主动征求这种询问;说实话,这甚至有点让人厌烦。毕竟,给一个权威大学出版社打电话,让编辑停下手头的工作,判断"nonfat"(脱脂的)这个词需不需要加连字符(答案是不需要),这种事要脸皮足够厚的人才能做得出来。然而,这就是我们过去常常面对的事,而且不收取任何费用。但收获也是有的,一些充满好奇心的陌生人有时会和我们一样关心某个语法或引文格式是否恰当,这时的对话就十分有趣了。偶尔,这种对话还有助于我们在手册中提供更好的建议。

在我们不再接受电话咨询,转而让所有人都在网上提问后,激增的问题需求很快就让我们招架不住,甚至影响了工作进度。因此我们决定挑选一些有意思的问题,每月在网站的问答页面回答一次。已发布的问题和答案就作为资料,供所有人在网上搜索。遗憾的是,资料只包含问答页面中有特色的问题,还有很多问题没能得到解答。常常有人问，为什么我们不提供求助热线来回答更多读者的提问。答案很简单：我们给出的所有建议都来自出版社里有多年经验的资深编辑，他们是《芝加哥手册》的"权威用户"，曾亲自协助修订新版手册。他们已经忙于编辑出版社每年要出版的三百多本新书，而我们也不愿意找资历尚浅的人做助手。

正如你想象的那样，我们会收到一些十分棘手的读者提问。《芝加哥手册》里有一千多页关于格式、语法和引用的指南，如果老师或老板把这本书扔到谁的桌上说"就按这上面写的来做"，肯定会让人摸不着头脑。我们已经尽力提供帮助：《芝加哥手册》（包括纸质版和在线版）在每章开头都有详细的目录，手册还包含一个极为出色的索引；在线版手册是完全可搜索的，还有免费的在线"快速指南"，向使用者举例说明如何引用各种最常见类型的来源作为注释或参考书目。然而，我们还是收到了无穷无尽、脑洞大开、令人心碎的问题。通过阅读书中的问题，你会亲身感受到涉及的话题范围、提问者的不同经历，以及我们阐述答案的难易程度。

本书的分类安排大致反映了《芝加哥手册》在线问答页面上的分类。网站上的分类多年来一直随意累积，有的内容十分有用，有的内容令人啼笑皆非。提醒一下：多年来，问答已经形成了一种……声音。不是我们厚脸皮，我们无比真诚地同情所有还在艰难使用"大橙子"（《芝加哥手册》封面是标志性的橙红色，因此读者们这样亲切地称呼它）的读者，我们也发自内心地尊重那些主动找到网站并向我们提问的人。但是偶尔——主要是在我们匆忙挤出业余时间想尽可能多地回答问题时——我们也有点崩溃。

　　幸运的是，我们的读者忠诚、宽容而风趣。成千上万的读者订阅了每月邮件提醒，希望即时了解已经发布的最新问答，还有很多读者写信表达自己的喜悦和感激之情。尽管本书介绍的所有内容都可以在网上找到，但我们还是经常收到读者的请求，希望我们出版一本最佳问答合集。

　　现在，这本合集就在你手中——感谢你的请求！

卡罗尔·费希尔·萨勒

《芝加哥手册》在线问答页面编辑

/ 第 1 章 /

对错没那么重要

★ 缩写、首字母缩拼词和首字母缩略词 ★

★ 复合词 ★ 数字 ★ 复数 ★ 所有格和定语 ★ 单词和字母 ★

　　许多编辑工作不仅要应用规则，还需要做出判断。大家都认为"正确"是个理所当然的目标，但应该由谁来判断是否正确呢？法律文件中的正确表述放在图文小说或博客文章中可能就成了大错误。因此，作者们对过分热情的编辑心怀恐惧，怕他们为了追求正确性而把自己的作品改得面目全非。

　　当词典、格式指南与使用手册互不一致时，正确性尤其难以捉摸。相比于格式问题，比如标点、连字符、大写或缩写，人们在语法问题上达成了更多共识。在格式问题上，经常会出现一些相互矛盾但又都可以接受的选择。当个人偏好发挥作用时——我认为"正确"，而你认为"错误"——格式选择就会变得非常棘手。

缩写、首字母缩拼词和首字母缩略词

问： 我和我的另一半有一点分歧，他坚持认为提到"一屋子的护士"时，我们会说"a roomful of R.N."，因为我们不用把"R.N."变成复数"R.N.s"；尽管他也承认没人会说"a roomful of nurse"。对我来说，"room full"（满屋）也许比"roomful"（一屋子）意味着更不吉利的护士密度。我们在这个问题上已经争论了十年之久，我们很想解决这个问题，以便能讨论一些新的分歧。

答： 在我看来，"a roomful of RN"听上去远比"a roomful of RNs"更不吉利。但正如你所见，《芝加哥手册》通常会给缩写加复数，并略过缩写后面恼人的句点，如"a roomful [or room full] of RNs."［一屋子（或满屋）的护士］。也许接下来你们可以争论要不要这个句点的问题。

问： 我正在编辑一本使用了许多专业缩写的法律书原稿。书中有一张缩写表，但我们决定在每一章首次出现某个缩写时把全称拼写出来，后面括注缩写。我唯一的疑惑在于常识性词汇的缩写。例如，作者在缩写表中列出了"United States"。为了全书统一，当这个词第一次出现时我写了全称，并在后面附上了缩写形式（US）。可是所有人都知道"US"（美国）是"United States"（美利坚合众国）的缩写，我这样做太傻了。请问您有什么建议吗？

答：是的，我认为像"US"这样的缩写就不必解释了。若统一会导致愚蠢，你可以选择变通。

- -

问：我在为客户编辑论文，她想在一篇关于尼采（Nietzsche）的论文中用缩写"N."指代"Nietzsche"。她的导师说可以这样做，但我告诉她这是不对的。我用缩写列表向她解释：如果缩写出现在引文而非正文中，它们只能用于作品题目或作者名。我说得对吗？

答：如果论文作者的导师同意了，我们就没有理由反对。毕竟，除了他们俩可能没人会读这篇大作了。如果只是为了少打几次这个恼人的名字，你可以写成"N."，然后仔细地搜索替换掉所有人名。但如果编校这篇作品是为了出版，那么就应该拼写出完整的名字。

- -

问：我正在校对一份工程文件。有一章的标题为"System Engineering Instruction Team(SEIT)"（系统工程指导团队）。然而，在前面章节的正文中已经出现过这个首字母缩拼词的全称了。有人认为章节标题应该直接写成"SEIT"，但我认为章节标题不应该缩写成"SEIT"，因为读者在第一眼看到目录时可能不知道这个首字母缩拼词是什么意思。如果一个首字母缩拼词突然成为主要章节的标题，我觉得就应该再次对它做出解释。如果首字母缩拼词的全称已经出现过，还可以再解释它吗？

答： 当然可以！如果一项规则阻碍了你做有助于读者的事，这还是好规则吗？在读者有可能忘记首字母缩拼词含义的任何地方，你都可以再次解释。

......

问： 亲爱的《芝加哥手册》，我经常看到"business process outsourcing"（业务流程外包）被缩写成"BPO"的情况，无论它用作名词还是形容词。在我看来，这个缩写适合用作形容词，但作为名词时听起来就很奇怪，所以当它用作名词时我会使用全称。例如，"The company provides IT support and BPO services"（公司提供 IT 支持和 BPO 服务），这样说是合适的。"The company provides services in IT support and business process outsourcing"（公司提供的服务有 IT 支持和业务流程外包），这样说也没问题。"The company provides services in IT support and BPO"（公司提供的服务有 IT 支持和 BPO），这样说就很奇怪。请问是只有我这样认为，还是这种表达偏好有合理的语法基础呢？

答： 只有你这样认为。"outsourcing"（外包）是一个名词，因此把首字母缩略词用作名词并无不妥。如果读者习惯了缩写形式，把单词全部拼写出来可能反而会拖慢他们的阅读速度。

......

问： 当我们第一次使用像"FMCSA"（联邦机动车安全管理局）这样的首字母缩拼词或首字母缩略词时，我们会把缩写放在全称后面的括号中。那么如果全称是所有格，首字母缩拼词或首字母缩略词也需要变成所有格吗？例如，"联邦机动车安全管理局的新规定"是写成"the Federal Motor Carrier Safety Administration's (FMCSA's) new rule"，还是"the Federal Motor Carrier Safety Administration's (FMCSA) new rule"？

答： 这确实是最常被问到的问题之一。在下一版《芝加哥手册》中，我希望我们能够明确禁止这种结构。同时，请避免对括号之前的单词使用所有格，应该写成"the new rule issued by the Federal Motor Carrier Safety Administration (FMCSA)"。

......

问：把首字母缩略词写成全称时，应该把每个单词的首字母都大写吗？

答：写出全称时，大写规则是当首字母缩略词不存在，全称原本该怎样就怎样。比如："standard operating procedures"（SOPs，标准作业程序），"Rhode Island"（RI，罗德岛），"*American Journal of Education*"（*AJE*，美国教育杂志），"Mothers against Preschoolers"（MAP，反对学龄前儿童母亲联盟）。

....

问：当你在文本中写到"GIF"（图像互换格式）时，是可以在第一次提到它时就写成"GIF"，还是必须写成"graphic interchange format (GIF)"？我认为写出全称没有什么实质帮助，更多人知道"GIF"这种写法，而且我准备把这个词用作名词。

答：你永远不需要做任何没有帮助的事情。如果某个格式指南说你应该这样做，那你需要一本更好的指南。

....

复合词

问：我在《芝加哥手册》在线网站输错密码时，收到了"Invalid Log In"（无效登录）这样的消息。在这种情况下，难道"log in"不应该写成"login"吗？

答：假如《芝加哥手册》的编辑有权管理所有为网站软件打包商编写错误信息代码的 IT 团队，那么一切都会按照芝加哥格式统一编写。但事实上，《芝加哥手册》的编辑没有这种权力。说实话，我们觉得这也没什么。

问：你能解答一个关于复合词的明显矛盾吗？我有疑问的词是"copyeditor"（文字编辑）。根据手册 7.85 节，这个词似乎应该被归类为永久复合词（permanent compound）。7.78 节给出了这样的定义："永久复合词指已被纳入通用词汇并可以在词典中查到的复合词。"然而 www.merriam-webster.com（《芝加哥手册》参考文献中的推荐资源网站）上写的是"copy editor"。我看到了问答页面上的答案，因为"copyediting"是动词，所以可以合理猜测其名词形式为"copyeditor"。我的确同意你的观点，还有很多更值得处理的事情。我只是想知道我们是不是在这个明显矛盾的问题上遗漏了什么。

答： 澄清一下，芝加哥格式与韦氏词典不一样。如果《芝加哥手册》中没有涵盖某个单词或结构，我们建议你参考韦氏词典。在第 14 版及之后的《芝加哥手册》中，我们一直首选"copyeditor"这种写法。自然，词典和格式手册有时并不一致——毕竟，谁又能决定什么该"被纳入通用词汇"？

问： 我是一名小学教师。我目前正在教授复合词，但我发现自己可能讲错了。我认为有些词是复合词，但其实它们不是。然而，当我在不同材料中查找这些词或观察各种标牌时，自由式和连写式这两种写法都出现了。可否告诉我该怎样找到一张复合词列表？这样我就不用每个词都查词典了。谢谢。

答： 虽然可搜索的在线词典是个很好的工具，但对于小学生来说，研究复合词是个过于超前的话题。成年作家和编辑尚且对这个问题头疼不已，我怀疑七岁的孩子能否应付得了。大多数复合词都有不止一种正确形式。正如你发现的那样，某本词典会把一个复合词写成连写式，而另一本可能不会。更令人困惑的是，有些复合词只有在用作修饰短语时才使用连字符。如果你一定要讨论复合词的写法，那么最好教学生如何使用词典，并且告诉他们词典也会不一致。鼓励学生用自己的判断来做出选择，然后保持一致。对于年龄大一点的学生，你可以教他们通过阅读句子来判断复合词是否要加连字符。

问： 有这样一个俱乐部，成员都是在我们单位工作了二十五年以上的人，它叫"Twenty-Five Year Club"（二十五年俱乐部）。我想知道为什么他们从来没有在"five"和"year"之间添加连字符，还想知道能否保留所有带连字符的单词的大写字母。我不想给这个俱乐部惹麻烦，毕竟它存在的年头比我们每个人在出版社工作的时间都长。我们正在为他们的年度晚宴和下一轮迎新做准备。我们应该让他们保留旧名吗？这个问题在其他地方出现过吗？

答： 是的，这个问题经常出现在作品标题中。芝加哥格式会写成"Twenty-Five-Year Club"。至于惹麻烦的问题，也许你可以写信给《亲爱的艾比》（Dear Abby）专栏。

数 字

问：什么时候单词形式的数字后不应该跟着加括号的阿拉伯数字？

答：嗯……在情书里？"Remitted herein please find three (3) little words..."［请在这里找到那呼之欲出的三（3）个字……］。

....

问：我正在上一门关于编辑的课程。教授和我有过一番讨论，我想知道谁说得对。我们要校对这句话："Of the 400 members, about 300 were over 60 years old, but at least 50 were under the age of 30"（在 400 名成员中，大约有 300 人超过 60 岁，而至少有 50 人未满 30 岁）。我知道 9.2 节和 9.4 节的规则适用于此，要求拼写出所有的数字。然而，9.7 节有这样的规则："为了避免文中出现大段表示数字的单词，在一般规则之外的情况可以用阿拉伯数字代替拼写。"因此，我选择将 60 和 30 保留为数字形式。指南没有说明什么时候属于例外情况。请帮帮我，你的观点是？

答：你的处理会让一些读者更容易接受这些数字，但另一些读者会因为不一致而分心。这对于编辑来说是个根本挑战。你要依据三个方面来做决定：首先，文本一致性的程度；

其次，在整个文档中进行修改要费多少功夫；最后，有没有可能向读者清楚说明这种不一致。你要权衡一下，能帮助绝大多数读者的事情要费多少功夫以及有什么风险。通常没有所谓的"正确"赢家，这只是主观的选择。

问：一位同事写道："Basement space is about 5,700 square feet, but about 12,000 square feet is available on the eighth floor"（地下室面积约为 5,700 平方英尺，但八楼的可用面积约为 12,000 平方英尺）。我怀疑这一点有争议，为什么不是"12,000 square feet are available on the eighth floor"？

答：虽然这可能与直觉不符，但重量或测量的数量被视作单数："five dollars is enough"（5 美元足够了），"three cups of flour makes one loaf"（三杯面粉做成一个面包）。你想想，"12,000 square feet are available"读起来就像缺钱的人可以只买其中的一两个平方一样。

问：嗨，《芝加哥手册》的朋友们，我不太清楚是应该写出数字的全拼，还是阿拉伯数字加时间单位，例如 seconds（秒）、minutes（分）、hours（小时）、days（天）、months（月）、years（年）。我不确定应该写成"2 to 4 weeks"（2 到 4

周）还是"two to four weeks"，"30 years"（30 年）还是"thirty years"……我认为超过 99 的数字应该使用阿拉伯数字，比如"230 seconds"（230 秒）。我知道一般的度量单位前面应该用阿拉伯数字，例如 kg（千克）、cm（厘米）、℃（摄氏度）、℉（华氏度）等。谢谢你的帮助。

答： 在非技术性文本中，我们喜欢把时间单位（或其他任何度量单位）前不大于一百的数字（包括一百）拼写出来。例如："The cake burned in forty-one minutes"（蛋糕烤了四十一分钟）。然而，如果在某一段话中，相同时间单位前的数字有的小于一百，有的大于一百，我们就应该以相同形式处理。例如此句："Ten runners clocked in at 94 minutes, and forty-three more finished in 101 minutes"（十名赛跑者跑出了 94 分钟的成绩，另外四十三人在 101 分钟内完成了比赛）。请注意，此处赛跑者的数量没有换成阿拉伯数字，因为根据规则，这一类别无须和其他单位保持一致。

就像你列出的那样，阿拉伯数字总是和单位缩写连在一起。而在技术性或统计性文本中，即使单位用了全拼，也会使用阿拉伯数字。甚至在非技术性文本中，有时也会出现一段包含许多阿拉伯数字的引文。在这种情况下，编辑可能会决定全部使用阿拉伯数字以节省空间，避免出现不一致的情况。详细讨论请参阅《芝加哥手册》第 16 版第 9 章。

问："$3-5 million"（300 万 — 500 万美元）的写法正确吗？还是应该写成 "$3 to $5 million"？或者 "$3 million to $5 million"？

答：这些写法都可以接受，表达的是同一件事。至于 "$"（美元符号）加数字的情况，在《芝加哥手册》中，如果缩写或符号紧挨着数字，须重复使用；但如果用空格隔开，则无须重复。例如，"300 万 — 500 万美元"要写成 "$3–$5 million"，但 "2 × 5 英寸"写成 "2 × 5 in"即可。

问：有个问题困扰我很久了，你们对此有明确的规则吗？我认为 "My office hours are 10–11 AM"（我的晤谈时间是上午 10 — 11 点）这样写没问题，但用短横线代替 "and"（和）或 "to"（到）好像又不对。怎样才能让大家不再写 "My office hours are from 10–11 AM"（我的晤谈时间是从上午 10 — 11 点）或 "My office hours are between 10–11 AM"（我的晤谈时间是上午 10 — 11 点之间）这样的句子？

答：我们的确有这样的规则！（请参阅《芝加哥手册》6.78 节。）可惜，我们没法让全世界都遵守这一规则。

复 数

问：我的问题与首字母缩拼词和首字母缩略词有关。我一直认为，只有当缩略词的最后一个字母表示复数物体时，才能使用复数形式。因此"MOU"（memorandum/memoranda of understanding，谅解备忘录）不能写成"MOUs"，但"ICT"（information and communication technologies，信息及通信技术）可以变成"ICTs"。让我想不通的是，大家喜欢用"RFPs"表示"RFP"（request for proposals，需求方案说明书）的复数，即多封需求方案说明书。但是"proposals"这个词本身就是复数形式，所以我不明白为什么"RFP"变复数还要加 s。首字母缩拼词和首字母缩略词变复数的规则究竟是什么？

答：如果你不去想缩略词全称中每个词的含义，而是把缩略词本身当成一个单词来思考它的意思，加 s 时就不用头疼了。

．．．

问：我们社的编辑对"0.4 percentage point(s)"（0.4 个百分点）这个短语该用单数还是复数产生了分歧。你能不能帮我们定夺一下？

答：《芝加哥论坛报》语言板块的专栏作家内森・比尔马（Nathan Bierma）回答过一个类似的问题，对于这个难题有所启发。他引用了《华盛顿邮报》作者比尔·沃尔什（Bill Walsh）的话：问题在于你认为单数是指一或更少，而其实单数指的就是一，既不比一多也不比一少。沃尔什指出，我们说"零美元"的时候用"zero dollars"，而不是"zero dollar"。按照这个逻辑，"0.4 个百分点"就应该写成"0.4 percentage points"。

问： 我正为在巴西的英国学生编辑一本教材。其中一项练习给出了南瓜派的食谱。学生了解到做南瓜派需要"1½ cup pumpkin"（1½ 杯南瓜）、"1½ cup sugar"（1½ 杯糖）等。我似乎记得大于 1 的任何东西都应该用复数。我说得对吗？换句话说，食谱应该写成"1½ cups"吗？

答： 是的，这些配料应该写成复数 —— 但这糖也太多了。

问： 用括号来表示一个名词可能是单数也可能是复数，这样做对吗？例如"Child(ren)"〔孩子（们）〕。

答： 这么做算不上错，但我不会这样做。

问： 2012 年 2 月的《国家地理》杂志的头条和副标题是"What Dogs Tell Us: The ABC's of DNA"（狗狗告诉我们的那些

事：DNA 的常识）。虽然我知道《国家地理》可能有自己的格式指南，但芝加哥格式会把 "ABC's" 的撇号删掉吗？

答：我们会。但这种撇号在报纸和杂志出版物中很常见。现在你已经注意到了，它随处可见。在报纸和杂志上，标题的所有字母常常全部大写，首字母缩拼词和首字母缩略词的复数形式如果不带撇号就很难解释，比如 "PCS"（个人电脑）、"IVS"（静脉注射）、"RBIS"（打点[1]），因为词尾的 S 很像缩写的一部分。

....

问：在一项政策中，我必须指出 "facility"（设施）一词可以是复数。编辑文档的人员把这个词写成了 "facility(s)"。当我们需要指出以 y 结尾的名词可以是单数也可以是复数时，正确的表述方式是什么？

答："facility or facilities"（一个设施或多个设施）和 "one or more facilities"（一个或多个设施）都是清晰的表述。通常，简单地使用单数就可以表示一个或多个，例如："In the event that your facility is struck by terrorists, this contract

---

1　棒球术语，指打者在打席中使垒包上的跑垒者或打者自己跑回本垒，使己方得分。——译者注

is void"（如果你的设施被恐怖分子袭击，则此合同无效）。如果两个设施遭到恐怖分子袭击，这条同样适用。

问：智慧的人，你们好。如果你们是我，你们会怎么把"B-26"变成复数？"B-26es"？"B-26s"？（肯定不是"B-26's"。）这些看着都不对。

答：如果我们是你，我们也认为这些看着都不对。但因为我们是《芝加哥手册》的编辑人员，所以"B-26s"看起来还不错。请参阅《芝加哥手册》9.54节。

所有格和定语

问：机构中有很多不一致的表达让我心烦，而学院董事会对此没有任何帮助，所以我来向你们求助。"associate degree"（副学士）的恰当说法是什么？是我刚才所说的，还是"associates degree"或"associate's degree"？

答：总有一天，有人会对机构中的不一致问题做点什么，然后我们就都可以退休了。"associate degree"和"associate's degree"都被广泛使用，看起来都合情合理。董事会从来没有定下来该用哪个，但是你可以。

问： 当提到属于我和妻子的房子时，我无法决定是用"Libby and my house"（利比和我的房子）还是"Libby's and my house"（利比的和我的房子）。哪一个是正确的说法？

答： "Libby's and my house"。在某些情况下，它们的区别关系重大。例如，你应该不想说："We put Libby and my house on the market"（我们把利比和我的房子拿到市场上出售）。

问： 用首字母缩略词表示专有名词变成所有格时，应该用"'s"吗？还是因为首字母缩略词的最后一个单词是"Services"（服务），所以应该把它看成形式上是复数但意义上是单数的名词，所有格只加撇号？我的直觉认为应该写成"FIS's customers"（富达国民信息服务公司的客户），因为不管服务复数与否，FIS都是一家公司。然而，在这家公司的网站上，我看到他们用撇号表示所有格："FIS' competitive edge"（富达国民信息服务公司的竞争优势）。谢谢你的建议。

答： 你的直觉是正确的，遇到首字母缩略词时，诀窍是忽略这些字母所代表的含义。对于你的问题，你所说的不是

"Friendly and Ineffectual Services' customers"（友好但无用的服务的客户），你说的是"FIS's customers"（富达国民信息服务公司的客户）。

问：在第 16 版《芝加哥手册》6.23 节中，下面这个例子用逗号来表达同位语："Ursula's son, Clifford, had been a student of Norman Maclean's"（厄休拉的儿子克利福德曾是诺曼·麦克莱恩的学生）。我知道这个句子的最后三个单词的用法已经成了主流，但这确定是正确的吗？

答：双重属格（或双重所有格）长期以来都是正确的。就连老福勒[1]的现代英语用法也把它列为"坚固的依据"，即那些可能不合逻辑、不合语法，但仍为人们惯用的结构。福勒引用了莎士比亚《安东尼与克莉奥佩特拉》（*Antony and Cleopatra*）的开篇语来解释双重属格的用法："Nay but this dotage of our general's o'erflows the measure"（嘿，咱们主帅这样迷恋，真太不成话啦）。请参见《现代英语用法

1　亨利·华生·福勒（Henry Watson Fowler，1858—1933），英国词典编纂者、语文学家，代表作是《现代英语用法辞典》（*A Dictionary of Modern English Usage*）。——译者注

辞典》第 7 节 "一些古怪的习语"（Some freaks of idiom）。伯奇菲尔德[1]修订的《现代英语用法辞典》指出，这种结构可以起到有益的作用，让我们能够区分 "a picture of the king's"（国王拥有的画像）和 "a picture of the king"（国王的画像）。

问： 关于无生命物体是否可以变成所有格形式，我想找到明确答案。我听说物体不能拥有某物，所以不能用 "'s" 的形式。比如 "汽车的速度" 不能写成 "the vehicle's speed"，而应该写成 "the speed of the vehicle"。我理解这个规则，但在《芝加哥手册》里没有找到能支持这一点的内容。

答： 我们来好好想想这件事。如果一张桌子不能 "有" 腿，这让我们怎么办？的确，桌子可能不会意识到它拥有桌腿，但这意味着它没有桌腿吗？如果森林里的一张桌子拥有桌腿，但那里没有人能看到……哦，等等 —— 那是另一个谜题。说真的，我很想知道是谁制定了这些规则，这似乎只是为了让大家抓狂。别担心，你的车可以拥有速度，而且 "the

---

1 罗伯特·伯奇菲尔德（Robert Burchfield，1923—2004），新西兰语言学家，于 1996 年修订了第三版《现代英语用法辞典》。—— 译者注

speed of the vehicle"和"the vehicle's speed"毫无差别（或者为了避免争议，你可以写成"vehicle speed"）。

问：如果一个短语在第一次出现时是所有格形式，那么它的缩写也是所有格形式吗？例如，是应该写成"Student Psychological Help Line's (SPHL) 24/7 assistance center"（学生心理求助热线全天候帮助中心），还是"Student Psychological Help Line's (SPHL's) 24/7 assistance center"？我知道你们回答过这个问题，但你们的答案是要避免这种类型的短语。可是我在一家公司工作，这个所有格形式的缩写短语是一个更长的短语的一部分。（前面的例子是真实的。）所以我需要知道当必须使用这种措辞时该怎么做。

答：如果无法避免，你可以选择使用。你有这个权利！好好使用它。

问：有没有一种可接受的方式来表达诸如"Macy's"（梅西百货）和"Sotheby's"（苏富比拍卖行）这种单词的所有格？有时为了避免所有格而重新措辞，反而导致行文不太流畅。

答：比"Sotheby's's"还不流畅？我不认为有这样的表达。

单词和字母

问：你们如何在句子中强调一个单词？比如，"We are all aware the word fat could be offensive"（我们都知道肥胖这个词可能带有冒犯性）。应该给 fat 这个词加引号、用斜体还是不做处理？

答：必须用某种方式将需要强调的单词表示出来，否则句子的含义可能变得模糊，甚至产生滑稽的效果：

He wrote the essay using fat instead of lard.

他用脂肪而不是猪油写了这篇文章。

It was ironic that the misspelled word was right.

讽刺的是，拼写错误的单词是正确的。

He wrote the essay using *fat* instead of *lard*.

他写这篇文章时用了脂肪而不是猪油（这个词）。

It was ironic that the misspelled word was "right".

讽刺的是，拼写错误的单词是"正确的"。

芝加哥倾向于用斜体，但引号也可以。

问：我们公司的很多产品都有单词中间字母大写以及部分斜体的情况。例如"Customer*Cares*"（客户关怀）。在《芝加哥手册》8.153节中，我看到公司或产品名有保留中间字母大写的规则。这个规则是否同样适用于斜体？

答：不，斜体不一样。一旦你开始协调印刷格式，就很难停下来。有些公司使用粗体或小写字母，或者反过来的字母 R（Я）；还有的标志第一个字母很小，然后字母逐渐变大，甚至还有字母上有小翅膀呢。你最好换一种方式来看待。

问：对于希腊文、阿拉伯文、希伯来文和其他非拉丁文字母，是否还应该按照7.58节的规则采用斜体？我编辑的材料中有很多这类单词。既然斜体的意义在于表示这个词是外来词，那么非拉丁文字母本身是否足以说明这一点，从而没有必要采用斜体？我曾这样认为，但后来我询问了编辑同事，他们中有许多人似乎认为还是有必要使用斜体。

答：你是对的，非拉丁文本身足以证明一种语言不是英语，因此不需要斜体。

问：作者用引号和括号标注了一个名字的翻译。我去掉了引号，只留下括号。这两种标点都需要吗？怎么处理才最恰当？

例如：外文名（"译名"）……

答： 如果外文名是一个专有名称（一个组织、一座建筑、一个地方），则不需要引号，比如：Il Popolo della Libertà (The People of Freedom[1])，la mer Rouge (the Red Sea[2])。如果外文名是一个术语或概念，那么加不加引号都可以，比如：*lavoro* （"work"）或 *lavoro* (work)。《芝加哥手册》13.73 节倾向于加括号，不加引号。出版作品的外文标题格式与英文标题相同。

....

问： 是 "three R's"（读写算）还是 "three Rs"？《纽约时报》似乎用了 "R's"。我觉得在我发表文章前应该跟你们确认一下。

答： 两种写法都可以，但芝加哥格式是 "Rs"。（《纽约时报》显然更喜欢遵循《纽约时报》的格式。）请参阅《芝加哥手册》7.14 节。

1　意为"自由人民党"。——译者注
2　意为"红海"。——译者注

/ 第 2 章 /

"President of the Mess Hall"
首字母大写也太傻啦

* 专有名词 * 作品标题 *

正如下面的问题将证明的那样，大写字母可能令人困惑。不仅是时尚和潮流［还记得"Truth and Beauty"（真与美）吗？］，词典和格式指南也对是否以及何时采用大写意见不一。

《芝加哥手册》将伸出援手！编辑们通常会遵循格式手册来处理大写问题，而芝加哥对此有很多建议。毋庸讳言，我们的"低调"风格有点另类——也就是说，即使在某些情况下很少有人会这样做，我们也尽可能选择小写字母。这一点也让我们变得特别。

专有名词

问：《芝加哥手册》8.21 节指出，"国务卿"是"secretary of state"，但"国务卿克林顿"写成"Secretary of State Clinton"或"Secretary Clinton"，所以我将"总统"写为"president"，"总统德基什内尔"写为"President Kirchner"。可是不应该把"the Pinochet Dictatorship"（皮诺切特独裁）首字母大写吗？"the Kirchner Administration"（基什内尔政府）和"the Kirchner Government"（基什内尔政府）又该怎么处理？这些词不是 8.64 节所说的"与政府机构相关的通用名称"，但像"the Mexican Revolution"（墨西哥革命）一样，它们是构成拉丁美洲近代历史的重要组成部分。此外，这些词"跟在一个名称之后，被当作该名称的一个公认部分"（8.50 节）。

答：尽管"administration"和"government"在并未遵循《芝加哥手册》的材料中通常采用首字母大写，我仍然觉得把"the Pinochet Dictatorship"首字母大写看起来非常奇怪。你能想象把它印在信纸顶端，或者用金箔刻在门上吗？如果可以的话，那就继续大写吧（反正芝加哥不会）。

问：如果某人的头衔有连字符，当首字母大写时，连字符后面的单词是否也应该首字母大写？例如"Co-Founder"（联合发起人）。

答：不。根据芝加哥格式，以前缀开头的单词，连字符后面的部分采用小写，尽管也有例外。请参阅《芝加哥手册》8.159节第3点。还要注意，芝加哥不用连字符连接合成词（《芝加哥手册》7.85节第4部分）。

- -

问："century"（世纪）这个词什么时候应该大写？我知道在"It's not happened in this century"（这在本世纪没有发生）这种情况下不用大写，但"Were many people rich in the eighteenth century?"（18世纪的富人很多吗？）或"What did people wear in eighteenth-century Pennsylvania?"（宾夕法尼亚州的人在18世纪穿什么？）该怎么处理呢？

答：芝加哥格式认为世纪与年、月、日同理。在你给出的所有例子中，我们都会用小写。

- -

问：你能再讲讲当指称某个行政单位的时候，"city"（市）和"state"（州）这两个词的大写规则吗？根据第14版《芝加哥手册》7.40节，像市和州这样的词"被用作专有名词的一个公认部分时需要大写"。想必你们的意思是接受《芝加哥手册》的规则。我有一个例子,简·约翰逊(Jan Johnson)为"the (c)ity of Johnsonville"(约翰逊维尔市)工作,我想在一份会议手册中把她和"the state department of transportation"(州交通运输部)的里克·里克尔(Rick Ricker)放在一起表彰。可以说,一旦有人质疑惯例,就会引发激烈的争论。

答: 尽管芝加哥的编辑愿意亲自到美国的每一个城镇确认地名的写法,但可惜大学不会资助我们。相反,我们不得不修改《芝加哥手册》,在第 15 版 8.56 节中加入以下内容:"政府实体:当表示行政单位而非地理位置时,州、市等类似的词语通常采用大写。"有了这条规则,在表彰他人的时候你就可以放心使用大写了。

问: 把第 16 版《芝加哥手册》的 8.21 节(或 8.22 节)与 8.32 节结合起来看,你会接受这样的句子:"The queen had tea with the Queen Mother"(女王和太后一起喝茶),"The president and the First Lady waved to the crowd"(总统和第一夫人向人群挥手致意)。这是对芝加哥格式的正确解释吗?

答： 不完全是，《芝加哥手册》鼓励读者灵活地使用指南并遵守常识。当规则相互矛盾时，试着像编辑一样思考。"First Lady"（第一夫人）通常用首字母大写表示尊敬，因为如果采用小写，这个词的含义可能会变得模糊："In line at the theater, the first lady was wearing no coat"（在剧院排队时，第一位女士没有穿外套）。这句话中谁没有穿外套？是总统夫人还是排在队伍第一位的女士？在你的句子中，"the president"与"first lady"成对出现，即使用小写也很安全，因为它不会产生混淆。在你的例子中头衔都是成对出现的，无论你选择哪种写法，保持大小写一致即可。

问： 我工作过的每一所院校在用"college"（学院）或"university"（大学）指代具体院校时，似乎都有不同的大写规则。我以前在康奈尔大学招生办公室（Cornell University's admissions office）工作。该办公室坚持认为，当单独用"university"特指康奈尔大学时，无须将首字母大写。例如：

Once I visited Cornell, there was no choice left for me to make. I fell in love with the university—the

people were so friendly and helpful. It didn't hurt that
the campus was gorgeous either!

当我一走进康奈尔大学，我便别无选择。我爱上了这所大学——人们是如此友好和乐于助人，校园也非常漂亮！

以前有人告诉我，在指代一个特定机构时，应该把"university"或"college"的首字母大写。如果康奈尔大学的做法是正确的，你能解释一下为什么吗？

答：康奈尔大学的做法严格遵循了《芝加哥手册》中的建议。然而，大多数机构（包括芝加哥大学）并不遵循我们的规则。大学宣传材料的作用在于推广自己。每所大学对自身而言都是世界上唯一重要的大学，这无可厚非。《芝加哥手册》中的建议是为了促进客观的分析性写作，在宣传语境下不一定适用。但是，也许更多的大学（包括我们自己）应该效仿康奈尔大学——尤其当他们想吸引更多编辑的时候。

问：我怀疑自己是否有权力改变这一点，但是同事们坚持认为，在所有的表述中，像"incidents"（事件）和"requests"（请求）这样的普通名词都要将首字母大写，因为这些词在原始合同中用了大写。所以人们要"report Incidents or submit Requests"（报告事件或提交请求），而"high-priority Incidents"（高优先级的事件）必须以某种方式报告。我认为没有必要大写，对吗？我真的只是为自己辩护一下，但我也接受纠正。

答： 虽然在学期论文、报纸文章、书籍或其他任何形式的正式写作中，普通名词的首字母应该小写，但如果想把某个词放在办公室内部备忘录或广告中加以强调，那么通过首字母大写就能够达成这一目的。法律文件要求术语首字母大写，所以如果你在法律办公室工作，你可以向上级询问大写的理由，然后按照要求去做。（如果你是读着《小熊维尼》原著长大的，你就可以对大写字母所传达的浮夸之风报以轻声偷笑，这里也是如此。）

问： 芝加哥大学出版社的编辑们，你们好。我们的三位编辑对某些军事术语的大写规则有疑问，比如："special ops"（特种行动）、"officers' mess hall"（军官食堂）、"president of the mess hall"（食堂主席）。两位编辑认为每个单词的首字母都应该小写，并且"American embassy and/or consulate"（美国大使馆和／或领事馆）也应该用小写。谢谢你们的帮助。

答：芝加哥格式在这里全部采用小写。尽管根据《芝加哥手册》8.111 节，你可能会认为"Special Ops"在某些语境下需要首字母大写。不过，如果遵循芝加哥的规则，连"the pope"（教皇）和"the queen"都不用大写，那"President of the Mess Hall"首字母大写看起来也太傻啦。

问：我想问的是关于首字母的问题。我们得到了约 12 位著名系主任、校长和各种国际项目负责人的支持。我意识到，除非我们谈论的是一位知名的"某某主席"，否则我们通常会将这些头衔的首字母写成小写。但"Senior Fellow at the Blah-Blah Institute"（某某学院的高级研究员）这个头衔让我拿不定主意。我应该小写为"senior fellow"吗？

答：你担心读者会把"senior fellow"理解成"老家伙"吗？如果担心的话，就大写吧。

问：《芝加哥手册》8.52 节有"Illinois and Chicago Rivers"（伊利诺伊河和芝加哥河），"Rivers"的首字母用了大写。8.55 节有"Fifty-Seventh and Fifty-Fifth Streets"（第五十七街和第五十五街），"Streets"的首字母用了大写。8.65 节有"Communist parties"（共产主义政党），"parties"的首字

母却用了小写。第三个似乎不合逻辑。你们会考虑修改吗？

答： 如果你仔细看，就会发现第三个例子不一样。前两个例子是两个专有名词合并在一起："Illinois River"（R 大写）和"Chicago River"（R 大写）。而"Communist parties"不是指"Communist Party"和"Communist Party"，而是指性质上属于共产主义的众多不知名政党。这些政党的名字中可能都不包含"Communist"或"Party"，所以在这种情况下，把"parties"首字母大写既不合逻辑又让人误解。不过"Republican and Democratic Parties"（共和党与民主党）首字母大写是说得过去的。

问： 如果将"etc."（等）放在作品标题的结尾，应该大写还是小写？反对大写的理由是，缩写的"et"部分是连词，而"c"代表最后一个单词（cetera）。当然，没有人觉得应该写成"etC."，但我认为当"et cetera"缩写成了"etc."，这两个单词就合二为一了，因此"etc."是标题的最后一个词，而不是最后两个词，它应该大写为"Etc."。

答： 我喜欢你的论证，尤其是如果这个词对标题很重要的话，比如 *Murder, Etc.*（谋杀，等等）。不过如果"etc."只是结尾一个无关紧要的附加成分，你的逻辑就被推翻了（详见《芝加哥手册》8.157 节）。例如："Schneeweisschean

Applications of Jungian Typologies: Dopey, Happy, Bashful, Grumpy, etc."（荣格类型学在白雪公主中的应用：糊涂蛋、开心果、害羞鬼、爱生气等）。

问：我在第 16 版《芝加哥手册》8.21 节中看到，像"secretary of state"（国务卿）这样的头衔应该首字母小写，"Secretary of State Smith"（国务卿史密斯）这种情况除外。那么诸如"assistant secretary of state for bureaucracy and obfuscation"（负责官僚和难题的助理国务卿）这样的头衔呢？"bureaucracy and obfuscation"应该首字母小写以匹配"assistant secretary of state"，还是作为特定部门的名称采用首字母大写？

答：芝加哥格式将人的头衔小写，但将部门的名称大写，比如："Jordan Smith is assistant secretary of bureaucracy and obfuscation"（乔丹·史密斯是管理政府官员和难解之题的助理国务卿），"The Department of Bureaucracy and Obfuscation requires advance notice of emergency absences"（官僚和难题部门有紧急缺勤情况需要事先通知），"Anyone who works for Bureaucracy and Obfuscation should keep her résumé up to date"（为官僚和难题部门工

作的人应该时刻更新简历）。

问： 在地域来源不明确的情况下，地名该大写还是小写？我正在努力理解《芝加哥手册》的 8.37 节和 8.60 节。比如"德国牧羊犬"，是该写成"German shepherd"以强调这种狗的公认来源地，还是像"swiss cheese"（瑞士奶酪）和"french dressing"（法式酱汁）那样写成"german shepherd"，因为这个词是非字面性的，旨在唤起人们对某个地理区域的印象，而与实际产地无关？（这个例子也许不够典型，因为德国牧羊犬可能的确产自德国，那如果是与澳大利亚毫无关系的澳大利亚牧羊犬呢？）

答：《芝加哥手册》只能举出这么多例子，也没必要花时间辨析细节上的差异。如果你的文章里有一些词在《芝加哥手册》中采用了小写，而另一些词让你举棋不定，那么与其为此纠结，不如直接查查词典。《芝加哥手册》中的"french dressing"和"swiss cheese"是小写的，但在《韦氏大学英语词典》（第 11 版）中它们是大写的（"Australian shepherd"和"German shepherd"也都用了大写）。所以你只需尽量做到大小写一致，然后保持自己的用法即可。

作品标题

问：你们能确认一下"*TIME* magazine"（《时代周刊》）的拼写是否正确吗？《芝加哥手册》8.169节出现了"*Time magazine*"，但是《时代周刊》的客服告诉我，"*TIME Magazine*"才是正确的写法。我认为"magazine"的首字母应该小写，因为封面上没有这个词，所以它不是杂志正式名称的一部分，但是官网上这个词用了大写。你们怎么看？

答：我们坚持认为应该写成"*Time* magazine"。拥有格式指南的好处之一就是不需要给文中出现的每个机构打电话，也不需要和客服沟通，我们用格式手册就能让标题一致。你去翻翻杂志，可能就会发现封面是一种拼写（*TIME*），但版权页有另一种拼写（Time），内文又是另一种（*Time*）。而且可以肯定，如果你再打电话，不同的客服会给你不同的答案。

....

问：我不知道在缩写书名时该怎么办。作者把"*Alice's Adventures in Wonderland*"（《爱丽丝梦游仙境》）简写成"*Alice in Wonderland*"，我认为它应该保持斜体。此外，在一段对话中，其中一个角色问道："你还记得'*Harry Potter*'（《哈利·波特》）中学生们走上楼梯的情景吗？"我认为这里也应该用斜体，但我找不到答案。

答：如果短语是书名的一部分，就用斜体。这样读者才知道你是指一本书（或一部电影）而不是一个人或一个地方。以《哈利·波特》为例，它有一整个系列的书，芝加哥格式把系列书名写成正体字"the Harry Potter series"。这意味着在某些情况下，你是否使用斜体并不重要，因为书或系列这两个意思都说得通。这也意味着有时你需要更具体一点："你还记得'*Harry Potter and the Goblet of Fire*'（《哈利·波特与火焰杯》）中学生们走上楼梯的情景吗？"

....

问：一位拥有英国文学博士学位的同事评论说，你们举的标题例子"Four Theories concerning the Gospel according to Matthew"（《马太福音》四论）并不正确。"concerning"和"according"是分词而不是介词（所以这些是分词短语，不是介词短语）。我从没见过"Gospel according to Anyone"，人们都写成"According to"。我不是在吹毛求疵，只是想让校对和编辑在这种小事上达成一致。

答：啊，英国文学博士？这里要说的是，虽然"concerning"和"according"是分词，但也不妨碍它们被用作介词（你可以在词典里查证这一点）。在你引用的标题中，"concerning"是宾语"Gospel"的介词，"according to"是宾语"Matthew"的介词，因此按照芝加哥格式首字母应该小写。许多出版社遵循不同的标题大小写规则，但所有超过一定长度的单词都会采用大写，所以如果你在标题中看到这些介词大写也并不奇怪。

问："My research goal is to advance a global energy solution copied from Nature itself: artificial photosynthesis"（我的研究目标是推进一个从自然本身复制而来的全球能源解决方案：人工光合作用）这句话中，"nature"（自然）这个词应该首字母大写吗？

答：如果你想让读者想象一位穿着飘逸的衣服，到处抛洒水果和鲜花的女神，你就大写，再把"itself"换成"herself"；否则，不要大写。

/ 第 3 章 /
关于逗号众说纷纭……

---

* 逗号 * 连字符 * 垂直列表和项目编号 *

* 破折号、波浪线和其他标点 *

　　很多人在《芝加哥手册》在线问答页面提问，希望我们能解决分歧。"我的作者（老板、妻子等）坚持……"是常见的提问开场白。我们常常惊讶于一个小小的逗号在文章中能造成多大的破坏，更不用说在人际关系中了。

　　当我们可以用不止一种方式来理解一个句子时，就会出现这种情况。不仅仅是逗号，连字符、项目编号、破折号、省略号——所有标点符号都值得好好理论一番，而在这个过程中我们发现，连标点符号的用法都带有个人色彩。

逗 号

问：我通常在电子邮件开头的问候语中加上逗号——"Hi, Megan"（嗨，梅甘）——这总能让记者梅甘很高兴，她认为电子邮件的问候语应该遵循对话时的标点规则。但当我给物理治疗师露丝写信时，我会写成"Hi Ruth"，因为露丝认为在电子邮件的"Hi"后面加标点太死板，我尊重她的看法。那么梅甘和我的写法对吗？还是露丝的更标准？我珍惜与她们的友谊，我是否应该继续尊重双方的意见？

答：你这个问题让整个出版社难以定夺，几乎抓狂。但是经过了几次会议和投票，我们还是做出了决定，你和梅甘是一对好拍档，但你也许应该重新审视一下与露丝的友谊了。（标点符号对于电子邮件来说是没有实际意义的。）

问：我们使用的是第 14 版《芝加哥手册》，遇到了这么个问题。"When we first met, he had done the unforgivable, and it had come out so naturally I'd been pleased rather than offended"（在我们第一次见面的时候，他做了不可原谅的事情，但事情自然而然地发生，我没有感到被冒犯，而是很高兴）。看起来"and"前面没有必要使用逗号。但是我们的作者不同意。你能帮帮忙吗？

答：很抱歉，我无法查看第14版，我已经把自己的第14版卖给了古董收藏家，我本想把它捐赠给退休的编辑，但没人愿意要（他们都有第16版了）。第16版《芝加哥手册》对这个问题很有帮助，它建议在那个位置使用逗号。

问：我和编辑对这句话中逗号的用法看法不一。"The screen design includes functional elements like text-entry boxes and list boxes, and stylistic elements like graphics and multimedia"（屏幕设计包括文字输入框和列表框等功能元素，以及图形和多媒体等风格元素）。我加了逗号，但他说没必要。请问你的意见是什么？谢谢！

答：你的编辑反对加逗号的理由是，组成复合对象的两个元素之间不加逗号。然而，你的句子需要加逗号，因为句子中的两个元素本身就是复合的。如果不加逗号，读者就会读到一个很可怕的句子：X 包括像 B 和 C 这样的 A 和像 E 和 F 这样的 D。可读性比规则重要，所以应该保留逗号。

问：我一直在和编辑讨论逗号和日期的用法。我们查询了《芝加哥手册》6.45 节，但依然看法不一。我更倾向于"In the summer of 1812 General Hagerthy moved his troops"（1812年夏哈格西将军调兵），而不是"In the summer of 1812, General Hagerthy moved his troops"（1812年夏，哈格西将军调兵）；更倾向于"Early in 1946 an opportunity came for my cousin"（1946年初我表哥遇到了一次机会），而不是"Early in 1946, an opportunity came for my cousin"（1946年初，我表哥遇到了一次机会）。我认为年份后面不用加逗号。格式大师们，请点评一下谁是对的。

答： 大家都是对的，好啦！大师对这种水平的逗号争议并不感兴趣。争论到此结束。

....

问： 物理学家协会的一份通讯刊载了著名物理学家和兼职艺术家理查德·费曼（Richard Feynman）的几幅画像，并指出："The works were acquired by Princeton, where Feynman had been a graduate student, in the mid-eighties"（普林斯顿大学在80年代中期收购了这些作品，费曼曾在此读研究生）。有一位读者责备编辑，说这句话的意思是费曼（生于1918年）六十多岁才读研究生。我觉得在"graduate student"后面加逗号把表示时间的短语隔开，这是正确的做法。我该怎样简明扼要地陈述我的观点，或是引用哪一条规则？还是我错了？

答： 糟糕的文章在技术上也可能是正确的。在这种情况下，引用标点规则来证明语序的正确性并不能让句子变得明白晓畅。为什么要强迫读者分析逗号来确定句子的意思？好编辑应当为读者铺平道路。好编辑会把"in the mid-eighties"移到"acquired"之后。这样看来，恐怕你错了。

......

问： 有三个人对下面这段话中逗号的用法持不同意见："He thinks that, if he asks for directions, his membership in the brotherhood of men will be revoked. He would rather be lost"（他认为，如果他要求指明方向，他在男子兄弟会中的成员资格将被取消。他宁愿迷路）。甲喜欢用两个逗号。乙认为应该省略第一个，保留第二个。丙认为两个逗号都应该去掉。请评判一下谁说得对。

答： 集体拥抱！你们都是对的。对我来说，甲的版本最不优雅，但也没错。请参阅《芝加哥手册》6.32 节。

......

连字符

问： 写作时我倾向于跟着耳音走 —— 通常这很有效，不过我也需要弄清楚一些规则，确保自己走在正确的道路上。你能确认一下我是否正确使用了连字符吗？"Facilitate a core-team workshop to discuss..."（推动核心团队研讨会讨论……），"Develop a future-state document..."（制定未来状态文件……），"Conduct a future-state assessment..."（进行未来状态评估……），"Identify change-management opportunities"（确定变革管理机会）。

答： 也许是时候讲讲连字符的用法了。这些商务用语总有一天会变得约定俗成，到时候就不会再产生歧义了。不过目前，"future-state document" 是 指 "the future of your state"（你的未来状态）还是 "the state of the future"（未来本身的状态）？"change-management opportunities" 是 指 "changing management"（对管理做出变革）还是 "managing change"（对变革做出管理）？不到万不得已，用不着使用连字符。请先尝试用更为自然的语言写作："Facilitate a workshop where the core team will discuss..."（推进一次研讨会，核心团队将讨论……），"Develop a document that looks ahead. . ."（制定一份展望未来的文件……），"Assess the future of. . ."（评估……的未来），"Identify opportunities to manage change"（确定管理变革的机会）。

···

问： 我正在编辑一篇关于房地产的杂志文章，不知道该怎样用连字符连接说明文字。"With seven bedrooms, four full and two half bathrooms, this home has 6,000 square feet of living space"（这栋住宅有七间卧室，四间全卫生间[1]和两间半卫生间[2]，有 6,000 平方英尺的居住空间）。还有一句："This is a 2,000 square foot, fully renovated four bedroom, three and a half bathroom home"（这是一栋 2,000 平方英尺、完全翻新的房子，有四间卧室、三间全卫生间和一间半卫生间）。请问《芝加哥手册》有什么建议？

答： 谢谢你的提问！阅读房地产广告对我们来说是很痛苦的。你的第一句话还说得过去，但第二句就需要加很多连字符

---

1 带有浴缸、淋浴、洗手池和马桶的卫生间。——译者注
2 只带有全卫生间"四件套"中的两种，一般指带有洗手池和马桶的卫生间。——译者注

了。请参阅《芝加哥手册》7.85节的连字符表，里面有很多类似的例子。如果复合短语（数字＋名词）用作形容词，位于它所修饰的名词之前，通常需要加连字符：

a three-and-a-half-bathroom home
有三个全卫生间和一个半卫生间的住宅
a four-bedroom townhouse
四居室的联排别墅
a 600-square-foot studio
600平方英尺的工作室
a 2,000-square-foot, fully renovated four-bedroom,
　　three-and-a-half-bathroom home
一栋2,000平方英尺、完全翻新的住宅，有四间卧室、三间
　　全卫生间和一间半卫生间

　　如果复合短语（数字＋名词）本身用作名词，并且不修饰后面的名词，就不需要加连字符。

a home with three and a half bathrooms
有三个全卫生间和一个半卫生间的住宅

a townhouse with four bedrooms

有四间卧室的联排别墅

a studio of 600 square feet

600 平方英尺的工作室

a home with seven bedrooms, four full and two half
    bathrooms, and 6,000 square feet of living space

一栋有七间卧室、四间全卫生间和两间半卫生间，以及
    6,000 平方英尺居住空间的住宅

问：我和员工遇到了一个短语，对于该如何用连字符连接这
    个短语，我们之间存在争议，这个短语是 "Wall Street
    darling-ready"（准备好成为华尔街宠儿的人）。有些人认
    为 "Street" 和 "darling" 之间应该加破折号，"darling" 和
    "ready" 之间应该加连字符。然而另一些人认为，加破折号
    会使读者更难理解这个短语。你们怎么看？

答：对不起，这个短语看起来像胡说八道，加连字符或破折号都
    无济于事。请重写这个句子 —— 像他们说的那样 —— 忍痛
    割爱。

问：我的理解是，"family"（家）这个词可以用作名词或形容词。那么在"We ordered a family-sized pizza for the party"（我们为聚会点了一份家庭装大小的比萨）这句话中，尽管"family"以 ly 结尾，这里的连字符用法对吗？

答：《芝加哥手册》5.91 节写到，"由两个单词组成的短语形容词若以副词开头，而该副词的词尾是 -ly 时，这个短语不加连字符。"这条规则适用于副词（而不是名词或形容词），并且副词词根为 -ly，比如"slyly"（狡猾地）、"gladly"（高兴地）。像"ply"（层）、"homily"（说教）和"family"这样的词碰巧也以 -ly 结尾，但 -ly 不是词根，而是词的一部分，而且它们也不是副词。请参阅《芝加哥手册》7.85 节的连字符表"名词＋分词"的部分，你会发现"family-sized"这个连字符的用法是正确的。

. . . .

问：在技术方案中，"400 吨 / 天的洗涤器"是应该写成"400-ton-per-day scrubber"还是"400-tons-per-day scrubber"？多谢了！

答：第一种比较常见。（顺便问一下，400 吨 / 天的洗涤器到底是什么？我们在哪儿能买到？）

. . . .

问：我正在编辑一份关于"EPA's Climate Ready Estuaries program"（环保署气候准备河口项目）的报告。这个项目的正式名称没有连字符，但这篇文章中有几个"climate ready"用作短语形容词的例子。显然，我不能在项目名称中加入连字符，而我当然也不愿让"climate ready"没有连字符——但这就造成了不一致的现象。请问一位敬业的喜欢加连字符的编辑应该怎么做？

答：喜欢加连字符的编辑需要冷静一下。专有名词和头衔可以不遵循格式指南，这并不丢人。只要文本本身一致，你就完成了你的工作。如果明显的不一致真的让你烦恼，那么显而易见的补救办法就是打破格式，全文都不给这个短语加连字符。

....

问："64 Slice Cardiac Computed Tomography Angiography Program"（64 层心脏计算机断层造影程序）中的"64 Slice"应该加连字符吗？

答：应该加上连字符，写作"64-Slice"。（听起来有点乱。你有没有可能在市场上买到一台轻便的 400 吨 / 天的洗涤器？）

垂直列表和项目编号

问： 以句号结尾的句子后面可以接一个列表吗？还是必须要用冒号？比如："To determine the answer, use the following concepts"（要确定答案，请使用以下概念）。如果用项目编号隔开列表或者采用不同版式（颜色、字体等），这会有影响吗？如果两种方法都正确，哪种更好？如果不是完整的句子呢？若能收到答复不胜感激。我和另一位编辑对这个问题争执不下。

答： 芝加哥倾向于使用冒号，但有些情况用句号更合适。请参阅《芝加哥手册》6.124—6.126 节，书中详细说明了如何在垂直列表中使用标点，还有句子及句段的示例。如果你使用句号，列表项应该首字母大写。（话说，我故意避开了"我和另一位编辑对这个问题争执不下"这句话——请告诉我这只是你写邮件时的幽默风格，如果不是的话，但愿你没有在编辑任何对我们国家安全有重要意义的东西。）

问： 在有数字编号或项目编号的垂直列表中，正确的句法规则是什么？每个项目都应该以同样的方式开头吗？比如，用动词开头？

答：各种句法都可以（句子、句段、问句），但当这些项目在句法上平行时，就会产生顺序和逻辑；相比于混乱的结构，读者更容易接受平行结构中的信息。然而，平行并不意味着完全相同。如果你列举的项目很复杂，用平行结构逐字匹配可能是不切实际的；而在简单的结构中，通常能轻易而有效地保持句法一致。如果前两项是"Stop"（停下）和"Drop"（放下），那后面的项目就不会是"How to roll around when you're on fire"（当你着火时如何翻滚）。

问：在项目编号列表中，有些是完整的句子，有些不是。那么是应该在句子末尾加上句号，还是在每项后加句号，还是都不加句号？

答：恐怕你不会喜欢我的回答——《芝加哥手册》里没有这种情况，因为在项目编号列表中，所有项目都应该使用相同的体例，要么是句子，要么是句段。

问：我觉得如果列表中只有一项，就没有必要编号。如果只有一项，难道不应该简单地写成一段吗？我有一本宣传指南，其中很多章节的结尾都有"宣传提醒"，有的章节包含很多条提醒，而有的只有一条提醒。在我看来，如果只有一条提醒，就应该写成一段话的形式。

答：虽然从逻辑上看，列表应该包括多个项目；但项目编号的包容度很高，尤其在像你所说的这样的书中，提醒的格式在每章的特定部分都是一致的。一致的格式能在视觉上取胜，因而项目编号列表只有一项这个逻辑问题会被忽略。你可以把项目列表想象成更接近于某种装饰，而不是层次标记。

破折号、波浪线和其他标点

问：用短破折号表示时间范围时，在时间范围前加"from"（从）是错误的吗？比如"from 9am–5pm"（从上午 9 点到下午 5 点）？

答：虽然大多数读者都知道你的意思，但写成"from 9–5"并不优雅，因为这个表达中"from"的部分用单词来表示，但"to"的部分却用了短破折号表示。读者还等着看到"to"呢，比如"We work a variety of shifts, anywhere from 9–5 to 11–3"（我们有从上午 9 点—下午 5 点到晚上 11 点—凌晨 3 点的各种轮班），或"Several age ranges were surveyed, from 5–10 to 70–75"（调查了从 5—10 岁到 70—75 岁的几个年龄范围）这样的句子。如果你想用"from 9–5"这样的结构，就把"to"写清楚 —— "We work from 9 to 5"，否则就省略"from"，写成"We work 9–5"。

问：亲爱的《芝加哥手册》，我就要完成论文修改了，但导师可能不会让我通过，因为我的长破折号太长了！我使用的是Times New Roman 字体，显然这个字体的长破折号太长了。论文出版是否可以接受 Times New Roman 字体的长破折号长度？如果可以，我能用《芝加哥手册》中的规则跟导师说明吗？（我是认真的。我不觉得导师会不让我的论文通过，但她在我的初稿上把每个长破折号都圈出来了，然后说："太长了，赶紧改！"我可不敢心存侥幸。）

答：那真是太疯狂了。对于出版物来说，原稿用什么字体并没有区别，因为排版方会遵循出版方的规定，但恐怕你还是调整一下论文字体为好。Palatino 这个字体的长破折号比 Times New Roman 的短。如果你必须使用 Times New Roman 字体，也可以只把破折号换成 Palatino 字体，也许没人会注意到。你可以整体查找替换。祝你好运！

问：在"i.e."（即）或"e.g."（例如）之前加分号合适吗？比如"by focusing on prevention; i.e., identifying and intervening"（注重预防；即识别和干预）这样说对吗？

答： 你可以用逗号，除非缩写后面开启了一个新的独立句子。

She carried only the essentials, i.e., business cards,
lipstick, pepper spray.

她只带了名片、口红、胡椒喷雾等必需品。

She saw to the last two details; i.e., flowers were
waiting and the driver kept mum.

她看到了最后两个细节；即鲜花在等待，而司机保持沉默。

在这两种情况下，使用冒号、长破折号或圆括号也是适合的。请注意，芝加哥格式不在行文中使用"i.e."或"e.g."（尽管我们允许在括号或注释中使用它们）。我们使用"that is"（也就是说）或类似的短语。其实在很多句子中，你并不需要缩写，单独使用冒号或破折号会更好。

问： 我写了一部小说，目前正在和编辑一起校对，我们对分号的使用看法不一。编辑觉得我用了太多分号，但我这样做是为了把那些有联系但联系又没有紧密到需要用逗号的想法连接起来，同时也是为了避免出现一连串分散的句子（这在现代文学作品中很常见）。我的做法在现代小说创作中可以被接受吗？

答： 虽然编辑应该尊重作者的语言和风格，但作者并不总能意识到自己的语言在通过标点修饰后传达出了怎样的意思。这种问题需要合作解决。编辑应该在修改前考虑每个分号的意思，而不是根据规则把它们全部删除。你要承认的是，分号过多的确会分散读者的注意力，他们会把分号看作一种写作习惯，而且有的字体的分号也不美观。给你推荐一个方法：找一篇有很多分号的文章，让别人大声朗读，然后用逗号或句号替换分号，再请另一个人朗读，看看你能否听出区别。这个方法能够帮助你做出最佳决定。

问： 你们好！给女子单身派对做的标语用"Bachelorette Out of Control"（失控单身女郎）比"Bachelorette's Out of Control"更合适吗？这个问题也没说全，因为我觉得"Bachelorette's Out of Control"不加"The"的话怎么看都不对。谢谢！

答： 失控的单身女郎还在意标语是否正确？这也太名不副实啦。但第一个版本更好。

问：在句子中，冒号前始终要有一个独立的从句。为什么《芝加哥手册》没有明确说明这一点？既然你们所有的例子都遵循这个原则，那为什么不直接说明前面的从句应该是独立的？

答：因为我们是一群怯懦无能、只会搪塞的软弱小人？又或者因为有时冒号前面无须是独立的从句？"A case in point: this one."（举例：这句）。

- -

问："The times, they are a changin'"（时代，变幻莫测）这句话的句号应该在撇号之前还是之后？从逻辑上看应该放在后面，但看上去不太美观。

答：这回逻辑更胜一筹。撇号是单词的一部分，不是句子的标点，因此不管美观与否，它都要紧挨着单词写成"changin'."。

- -

问：我读了《芝加哥手册》13.48 节和其后几节，但还是想确认一下，你们建议的常规省略号写法是"空格点空格点空格点空格"吗？另外，我不知道为什么要在不完整的句子后面加上句号，然后在继续引用之前加上省略号。在我看来，这样做无法区分完整的句子后接省略部分与不完整的句子后接省略部分这两种情况。

答： 你说得对。完整的句子后接省略了开头部分的句子，以及不完整的句子后接有完整开头的句子，传统的语法体系的确没有区分这两种情况。句号只表示两部分文字属于不同的句子。如果区分这两种情况很重要，那么你必须把一段话分成两段引文。也请注意，我们只在独立句子的末尾加句号。

问： 如果将国家的缩写放在末尾，是否需要两个句点？例如，"I went to the U.K.."（我去了英国）。

答： 说真的，你见过什么出版物在一行中有两个句点？如果我们告诉你应该加两个句点，你就会照做吗？要是《芝加哥手册》让你把头发点着，你也照做不误吗？

第 4 章

最少可以是零吗？

★ 使用还是滥用？★ 限制 ★ 性别偏见 ★

★ 介词 ★ 代词 ★ 符合语法规则吗？★

　　语法和格式有时可能很棘手。如果对语言放松警惕，以文字为生的编辑也会和普通人一样感到困惑。有时，甚至连语法书和格式指南都不能为我们指点迷津。这时我们就要向用法手册和词典求助了。

　　用法和语法的范畴有所重叠，但还涉及更为"灰色"的领域，包括地方用语、行话和非标准的英语形式。有的时候，挑选合适的语法和用法要用到好几本参考书。还有的时候，我们只能……绞尽脑汁。

使用还是滥用？

问：最少可以是零吗？比如：哪张桌子上的书最少？如果一张桌子上没有书，那这张桌子上的书是不是最少的？还是说"最少"必须指一个大于零的数字（无论多小）？

答：想想桌子本身。如果这张桌子上的书不比其他桌子上的书多，也没有哪张桌子上的书和这张的一样多，那还有别的答案吗？这张桌子上的书一定是最少的。但如果几张桌子上都没有书，那我们的桌子就不是书最少的了，这种情况下还是说"桌子上没有书"更清楚。（这问题是个陷阱吗？）

⋯⋯⋯⋯⋯⋯⋯⋯⋯⋯⋯⋯⋯⋯⋯⋯⋯⋯⋯⋯⋯⋯⋯⋯⋯⋯

问：我和朋友对"less and less likely"（可能性越来越小）和"more and more unlikely"（越来越不可能）这两个短语产生了分歧。我觉得这两种说法意思一样，但朋友觉得只有第一个正确。请问你怎么看？

答：我认为你的朋友要给出理由或者拿出证据才行。（放心吧，他办不到的。）

⋯⋯⋯⋯⋯⋯⋯⋯⋯⋯⋯⋯⋯⋯⋯⋯⋯⋯⋯⋯⋯⋯⋯⋯⋯⋯

问：你是不是也和我一样，不太同意使用"the fact that"（这一事实）这个短语？如果是的话，你会用什么词来代替？

答：虽说这个短语被格式指南拒之门外（这或许要归功于斯特伦克和怀特两位先生[1]），但有时它还是有存在价值的。如果这个短语是多余的或被过度使用，的确应该删掉，但如果它确实在起作用，那就不必在意它。阿瑟·普洛特尼克（Arthur Plotnik）引用了唐·德里罗（Don DeLillo）《地下世界》（*Underworld*）中的这句话："Sister Grace believed the proof of God's creativity eddied from the fact that you could not surmise the life, even remotely, of his humblest shut-in"（格蕾丝修女认为，这一事实证明了上帝的创造力：最卑贱的孤独者在那里生活，他的境遇谁都无法想象）。我觉得这句话没毛病，你觉得呢？

....

问：我经常搞不清楚间接引语中的动词时态。如果主句的动词是过去时（比如"said"或"argued"），那么从句的动词也应该换成过去时吗？例如"Military supporters claimed that the purpose of a nation's standing army is to fight wars, not keep the peace"（军事支持者声称，国家常备军存在的意义是打

---

1 此处指《风格的要素》（*The Elements of Style*）的两位作者小威廉·斯特伦克和 E. B. 怀特。——编者注

仗，而不是维持和平）这句话，我倾向于把"is"改成"was"。我粗略地浏览了一下，发现关于引语中的动词到底要不要改为过去时的问题在网上引起了激烈的争议，你们怎么看？

答：我们认为没有定论，作者一定要根据句意选择时态。你可以规定必须使用过去时，但这样就会导致句意含糊。比如"They pointed out that as humans we were fallible"（他们曾指出，是人都犯过错误）这句话就没有说清楚现在我们还会不会犯错误。如果从句用现在时"They pointed out that as humans we are fallible"（他们曾指出，是人都会犯错误），就能更清楚地表达出我们现在仍会犯错误的意思。在这种情况下，要是用硬性规定限制作者，就会影响语义的清晰性。

....

问：亲爱的先生／女士，我正在学习一门关于西班牙语言学的课程。教授给我安排了一个项目，我刚刚听说在美国还是英国有个规范英语使用的机构，我想再多了解一些。在我的印象里，《芝加哥手册》也负责一部分规范英语的工作，是吗？

答：那敢情好！但是并没有。在美国或英国都没有哪个机构能规范语言，不过有的机构会假装这样做。在这两个国家里，人们可以随心所欲地说话和写作。《芝加哥手册》是给那些想用标准英语写作并使用标准引文格式的作者准备的指南。

你可以在维基百科上查阅"language regulators"（语言规范机构）这个词条。

问："折中"是"happy medium"还是"happy median"？作者写道："We would all be much better served as stewards of finite public funds if we could find that happy median where trust reigns supreme"（如果我们能找到信任至上的折中办法，我们都会更好地担任有限公共基金的管理者）。谢谢！

答：这个短语应该是"happy medium"，但是想象一群上班族在"快乐的中央隔离带"（happy median）躲避横冲直撞的来往车辆也不错。

问："In one of my more popular poems. . ."（在我更受欢迎的一首诗里……）这句话正确吗？有没有一条硬性规定可以区分"most"和"more"？

答：当然有。在这种语境下，"more"表示不确定，但比"less"数量多，也可能表达一个比"most"数量少的精确但未明说的数量。当然，如果你有一首"更受欢迎"的诗，就说明你应该也有一首"不太受欢迎"的诗，所以最好不这么说。

限　制

问：我在写职业简历，对于逗号在句子中与"including"（包括）连用的情形有一个疑问。我的校对员在后接列举项目的"including"前加了逗号："Managed a variety of projects, including joint, combined, and contingency exercises"（管理各种项目，包括各军种联合演习、各国联合演习和应急演习）。应该省略这个逗号吗？

答：许多读者都来信询问"including"这个词前面是否需要加逗号，但没有简单的答案，需要具体情况具体分析，因为逗号会改变句意。

I invited all the clubs including biker chicks and pit tootsies.
我邀请了所有包括单车小妞和摩托妹的俱乐部。
I invited all the clubs, including biker chicks and pit tootsies.
我邀请了所有的俱乐部，包括单车小妞和摩托妹。

　　第一句话含糊不清，意思可能是我只邀请了成员中包括单车小妞和摩托妹的俱乐部；而第二句说得很清楚，我邀请了所有的俱乐部，不论有什么样的成员，包括单车小妞和摩托妹俱乐部。在你的文本中，如果"including"后的成分是非限制性的（也就是说，如果一些项目包含各军种联合演习，一些包含各国联合演习，还有一些两者都包含，等等），那就需要逗号。如果没有逗号，"including"就变成限制性的了，意思是每个项目都包括各军种联合演习、各国联合演习和应急演习。

问：我对这个同位语的问题犯迷糊。在下面这个句子中，这个人的名字是限制性的还是非限制性的？"Ask Ruth's childhood friend Tom Jones to help"（请露丝儿时的朋友汤姆·琼斯帮忙）。

答：遗憾的是，这里的确模棱两可。在过去，没有逗号就表示限制。也就是说，例子中"friend"这个词对汤姆·琼斯起限制作用，意味着露丝还有其他朋友。如果加了逗号（Ask Ruth's childhood friend, Tom Jones, to help）就是非限制性的，表示汤姆·琼斯是露丝儿时唯一的朋友，因此他的名字是附带的、可加可不加的信息。这种语法体系很合理。但是现在，非限制性结构中的逗号已经变得可有可无了，在句意明确时倒无可厚非，比如"my wife Georgia"（我的妻子乔治娅），但在你这样的例子中就不好判断了。很多作家在不必要的地方加逗号，这就更添乱了，比如"Astronaut, Neil Armstrong, waved to the crowd"（宇航员，尼尔·阿姆斯特朗，向人群挥手致意）。

问："In the opening of Raymond Chandler's 1940 novel *Farewell, My Lovely...*"（在雷蒙德·钱德勒 1940 年的小说《再见，吾爱》的开头），在"novel"这个词后应该加逗号吗？这是他当年出版的唯一一部小说，所以后面应该是非限制性同位语吧？还是说这样的结构看起来太笨重了？

答：加逗号是正确的，但如果作者不一定了解决定限制性的有关事实，逗号也可有可无。另外正如你所言，如果多余的逗号显得尴尬，也可以去掉。

问：我不明白为什么这个语法的使用频率越来越高，比如"The writer William Styron lived in Paris"（作家威廉·斯蒂伦住在巴黎）。我认为斯蒂伦先生在生活中应该扮演了很多角色，但这种句子结构表示他只是一名作家。这个现象最开始在《纽约时报》中较为明显，后来《纽约客》也开始这样用了，现在到处都是这样的句式。"William Styron, the writer, went shopping"（威廉·斯蒂伦这位作家去购物了）

这样我看着才舒服，这对他的生活方式的限制更少，比如我们知道，无论他做什么，他也购物。

答：你应该使用对你来说最舒服的语法。（对我来说，要是知道他也服用维生素，也刷牙，我会更舒服。）

......

问：在下面这句话中，把弗雷德定义成我的兄弟似乎是非限制性的附带说明："My brother, Fred, and I teach at the same school"（我的兄弟，弗雷德，和我任教于同一所学校）。然而，这些逗号容易被当成连续的逗号，意思变成"我的兄弟、弗雷德和我三个人都在这所学校任教"。于是，有人告诉我这句话应该写成"My brother Fred and I teach at the same school"。你认为哪一个是正确的？

答：清楚的那个是正确的。

性别偏见

问：我正在编辑《道德经》的英译本，其中很多内容描述了"道家圣王"的形象。译者使用了通用的男性代词，因为在文本的历史背景下，统治者都是男性。例如："Of the best of all rulers, people will only know that he exists"（太上，下知有之）。我倾向于接受这种译法，但我是否应该考虑性别偏见的问题？

答：虽然我们大多数人都反对性别偏见，但在历史中把它书写出来可能于事无补。如果你担心这种语言会影响到敏感的读者，不如和译者一起写一则注释，对当时历史背景下的性别偏见问题做出说明。

问：我对性别代词有疑问。我正在编辑一篇关于首价竞拍的经济学论文，作者这样定义论题中的角色："The female and male pronouns are used for weak and strong bidders, respectively"（女性和男性代词分别用于弱竞拍者和强竞拍者）。我想知道为了便于表达，是否有一些例外情况允许使用带有性别偏见的语言？你有什么建议？

答：你可以问问作者这种用法在他的领域里是不是惯例。但不管怎样，你都应当指出这种用法会冒犯一些读者。建议作者重新考虑下如何简写。

问：一位作者在引用以"him"（他）或"himself"（他自己）而非中性语言来泛指人的引文时，会在后面加一个"sic"（原文如此）。我们觉得这种做法有些画蛇添足，毕竟引用的材料有自己的语境。明智的编辑们，请问你们有什么建议吗？

答：明智的编辑们同意你的看法。"*sic*"一般用来澄清一个错误是原文本身的错误，而非引用者的误引。没有人在读到"him"或"himself"的时候会认为这是一个错词。请参阅《芝加哥手册》13.59节。

问：现在我们能用"who"（谁）指代动物和物品吗？如果可以，这是条非黑即白的规律，还是有什么指南可以遵循？当然，我们不能说"The vase who was given to me by May"（梅送给我的这个花瓶），对吗？在第15版的《芝加哥手册》中，这条规则写得很清楚："who"只能指代人。但是在第16版中这个表述变为："who"通常指代人。我们也查询了韦氏词典，上面确实写着"who"可以用于指代动物和物品。

答：语法规则里没有那么多非黑即白。你不能用"who"指代花瓶，但你可以用"who"指代一只会说话的鸟、一个委员会、一种精神或一条来源。《芝加哥手册》第15版中的规则太严格了，于是第16版纠正了这一点。

问：我看到一些文章用"her"指代一家企业，比如："Apple's profit was high due to her impressive product designs"（苹果公司的利润很高，因为她的产品设计令人印象深刻）。我想知道什么时候应该使用阴性代词，什么时候应该避免使用。

答：在指代女性或雌性动物时使用阴性代词。应避免用阴性代词指代企业、船只或任何非生物实体——尤其是在女性面前。

介 词

问：亲爱的先生或女士，我和同事在一个问题上产生了分歧。我的《芝加哥手册》放在家里了，所以我无法定夺。我认为"禁止以介词结束一个句子"是一项无效规则——为了遵守这个规则常常会打乱词语顺序，让读者感到困惑。但是我的同事说必须遵守这项"规则"。请问用介词结束一个句子到底合适吗？谢谢。

答：这条旧规则就是我们所说的语法误区。你在任何权威的语法书中都找不到这项规则。请参阅《芝加哥手册》5.176节。

问： 你好，我对双重介词的用法有一些疑问。有什么规则规定不能这么使用吗？我查了《芝加哥手册》，但没有找到相关规则。我还查了词典，上面说"off of"是习语，所以是正确的。

答： "off of"是习语并不代表它是正确的。事实上这意味着要更谨慎：很多习语都是俚语或非正式用语。《芝加哥手册》适用于正式的演讲和写作，手册从来不会用"off of"这种表述（参阅 5.220 节中的"off"词条）。不过，也没有规则规定不能使用双重介词，"I ran out of the house"（我从屋里跑出来了）和"He peered from behind the tree"（他从树后偷看）就完全合乎语法和习惯。

....

问： 作为编辑，我经常见到这样的介词连词组合："The analysis assesses the availability of and access to community services"（分析评估社区服务的可用性和访问权限）。这句话需要逗号吗？

答： 第二个短语（and access to）如果加逗号就表示它是插入成分，是后来想到的。所以，只有当这是作者的意图时才使用逗号。

....

问： 早上好。请问名词"change"（变化）后的正确介词是什么？我认为应该用"in"。但是剑桥词典（Cambridge.org）给出了这样的例子：

Let me know if there's any change in the situation.
如果情况有变化，请告诉我。
They've made a lot of changes to the house.
他们对房子做了很多改动。

看完这两个例子我很困惑。请您指点迷津，谢谢。

答： 英语的难点就在于任何名词几乎都有不止一个正确的介词搭配。例如：

a change to the house　对房子进行改动
a change in the situation　情况发生变化
a change of heart　改变心意
a change for the better　好转
a change since yesterday　昨天以来的变化

语言学家也许能够解释为什么这些用法已经约定俗成、不可替代，但是大多数英语母语者都直接学会了这些短语，无法说清楚为什么这样用。如果英语不是你的母语，那么进行大量的英语阅读和听力练习可能是训练语感的最佳方式。

代 词

问：我一直认为，当你将"any"用作代词时，它应该被视为单数。但在"Do they all match? Is any missing?"（他们都匹配吗？有什么遗漏吗？）这句话中用"is"就很奇怪。这句话中的"any"指代的是前一句中的"they"吗？

答：是的，它指代"they"。"any"可以是单数也可以是复数（你现在一定已经从手头的词典中查到了）。"Have you checked the pizza? Is any missing?"（你检查过比萨吗？有什么遗漏吗？）以及"Have you checked the Twinkies? Are any missing?"（你检查过 Twinkies 牌夹心面包吗？有什么遗漏吗？）这两句都是正确的（而且这里的答案很可能是确实有遗漏）。

问：我一直认为，为了避免混淆，代词应该用来指代离它最近的那个名词。但一位作者说："用代词'it'来重复句子的主语是最自然的用法。"我想问的则是代词指代紧挨着它的名词（不是主语）的情况。作者说得对吗？"it"永远只能指代主语，而不能指代最靠近它的名词或代词吗？

答："永远"？当然不是。在你那位作者设想的句子中，"it"没有指代主语，我们的确会觉得有歧义，比如："The money in the pool of blood reddened as it spread"（血泊中的钱随着它的扩散而变红）。不过，如果"it"不指代主语，也不指代最靠近它的名词，想写出一个句意清楚的句子也不难："Did you see the eclipse last night when it peaked?"（昨晚你看到月食的食甚了吗？）。如果"it"指代不明，那么你和作者最好不要再试图寻找一个能规范所有句子的规则，不妨直接重新措辞。

问：关于"its"和"it's"的问题，你能否给出一个明确的答案？我刚刚参加了一个写作会议，从中收到的建议与我之前学到的内容相矛盾，与我在大学网站上查询到的内容也矛盾。我查询的大多数网站都说，只有当意思是"it is"（它是）时，"its"才可以写作"it's"。名词所有格究竟怎么了？

答：没错，这个问题的确让人困惑。所有格应该加撇号，但代词所有格是个例外。代词所有格都没有撇号："her glove"

（她的手套）、"my glove"（我的手套）、"your glove"（你的手套）、"its glove"（它的手套）。记住"its"是个代词所有格应该会有帮助。

问：我经常听到有人说"me and Kathy"（我和凯西）而不是"Kathy and me"（凯西和我）。"me"不是应该跟在人名之后吗？难道不应该是"Kathy and me"吗？

答：是的，当"me"用在复合宾语中时，通常放在后面："The message was sent to Kathy and me"（消息被发送给凯西和我）。不过，在某些情况下"me"也可以放在前面，比如当"我"是主要宾语，而其他人的重要性不如我时："The threat was directed at me and everyone I'd been in contact with since that day"（威胁针对我和从那天起我接触的每个人）。如果你说的是复合主语（而不是宾语），正确的说法是"Kathy and I"，比如"Kathy and I told them"（凯西和我告诉他们）。如果"me"被用作主语，那么也无所谓哪种说法是错误的了。

问：我能用第一人称吗？
答：当然可以。

符合语法规则吗？

问：我常常不得不用悬垂修饰语来编辑句子，比如："As a valued supporter, I am pleased to invite you..."（作为一位重要的支持者，我很高兴邀请你……）。我能做的改进就是在句子中加上"you"："As you are a valued supporter, I am pleased to invite you..."（因为你是一位重要的支持者，我很高兴邀请你……）。我一直是这样做的。但是今天我收到了一位上级的反馈，他让我必须修改，因为"不能把句子的主语从你改成我"。我现在真的很困惑！这个批评合理吗？我应该重写整个句子吗？谢谢！

答：虽然上级对语法的批评是不对的（你没有改变主句的主语，主语一直都是我），但很明显你的做法被否决了，所以是的，你需要再改一次。比如，你可以把这个恼人的短语移到别处，写成"I am happy to invite you, a valued supporter, ..."（我很高兴邀请你，一位重要的支持者，……），或者写成陈述性的说明："You are a valued supporter, and I am happy to invite you..."（你是一位重要的支持者，我很高兴邀请你……）。如果你的上级不同意去掉句首的短语，你可以解释说你很乐意重新措辞，但是想不出去掉悬垂修饰语的更有效的方法。"悬垂修饰语"这个术语常常足以吓到不懂语法的人，从而让他们妥协。

问： 我读过很多书，现在在写一篇小说。在我读到的大部分材料中，作者经常使用"had had"和"that that"。例如："He had had the dog for twelve years and everyone knew that that was the real reason he didn't want Animal Control to take it"（他养狗已经十二年了，大家都知道他养狗的真正原因是他不想让动物管制所把狗带走）。我不知道有没有什么实际的规则禁止这种用法，但是我认为单纯从审美的角度来说，这种用法一点都不美观，写作时应该尽可能避免。有关于这种用法的规则吗？还是我太奇怪了？

答： 正如你看到的，正确的并不总是美观的。所以你并不奇怪；你是一个作家，让你成为作家的其中一个原因就是你对丑陋很敏感。如果你对陈词滥调很敏感，你就修炼成功了。

问： 我的朋友埃德说"An error occurred while processing your request"（处理你的请求时出错）这句话有问题。更具体地说，他说这听起来像是错误正在处理请求。你明白他在

说什么吗？他的批评合理吗？这个句子是计算机系统中的常见信息，我问了身边的人，他们都不觉得这句话有问题。我想知道有没有什么语法中的例外能够解释为什么这条信息的句意如此清楚（尽管埃德认为有错误）。但是我想这和很多情况一样，因为有语境，大家就不觉得这句话有歧义了。

答： 埃德说得对，这句话有语法问题，因为句子中没有任何词语可以说明谁在处理请求，最可能的就是"error"。你这样想，如果你读到"A bird sang while flying by your window"（一只鸟唱着歌从你的窗前飞过），你明白这句话的意思是"A bird sang while [it, the bird, was] flying by your window"（一只鸟在唱歌，同时这只鸟从你的窗前飞过）。"An error occurred while [it, the error, was] processing your request"（一个错误发生了，同时这个错误在处理你的请求）也是同样的语法结构。的确，大家根据上下文理解了这种结构，不会觉得它有问题。但危险在于这样的语言会被用来逃避责任，更诚实的做法是使用正确的语法，并说明施动者："An error occurred while we were processing your request"（我们在处理您的请求时发生了错误）。

问：我碰到了一个令我困惑不已的句子。这句话是这样的："Enjoyment is not as an important function for courting as it is for dating"（对于求爱来说，享受乐趣并不像在约会中那样具有重要功能）。我不知道这里是不是应该写成"as important a function"。如果我能弄清"as"的语法功能，我就能理解这句话了，但我翻来覆去看这句话只感到头疼。

答：虽然你把这句话改对了，但"as...as"这个结构（分别是副词和连词）并不总是清晰或实用的。最好修改一下，重新措辞："Enjoyment is less important for courting than for dating"（享受乐趣对求爱来说不如对约会重要）。至于求爱和约会的区别，为什么求爱可以不那么有趣，我想你应该正在调查。

/ 第 5 章 /

如果你"生下"了这个信息来源，并且他仍住在你的屋檐下……

* 你如何引用……* 注释 * 参考文献 *

* 倘若? * 引文和对话 *

　　给文件中的证据和引文注明出处是一件令人厌烦的事情，但也是必须要做的事情，而且必须做对。学生和学者们为正确引用费尽了心思，更为注释和参考文献中规定的细致格式伤透了脑筋。他们的成绩、工作和职业生涯都可能取决于是否正确引用。《芝加哥手册》专门用了两大章节讲解出处，还有一章讲解引文。但是，作家在写作时想引用和引证的内容数量之庞大、出处种类之繁多，即使是《芝加哥手册》也无法完全预测各种情况。

你如何引用……

问： 请问如何引用食品标签？我的朋友正在写有关当地食品运输和品牌推广（以及其他内容）的论文，她想知道该如何正确引用在研究中用到的一些标签。

答： 引用食品标签没有特别"恰当"的方式，而格式手册中也没有可以效仿的例子。尽管如此，你的朋友想找到比"I saw this Twinkie label. . ."（我看到了这个"Twinkie"标签……）更具学术性的表达，这也是可以理解的。按照引用的一般规则，你的朋友应该列出所有能够帮助读者找到标签并亲自检查的内容，例如品牌、食物类别、包装类型、标签上的日期或检查日期。强行把信息转换为注释或参考书目的标准引用格式是没有意义的。标签的照片可能比假性引用更有帮助。

问： 我翻阅了第 15 版和第 16 版《芝加哥手册》中的引用规则，没有看到有关引用现场表演的说明。表演研究、舞蹈 / 戏剧批评、音乐学 / 民族音乐学都是已经成型的学科，因此观看现场表演是必要的研究方法，我不明白为什么不应该注明出处（及其创作者或制作人）。

答：芝加哥出版社并非拒绝把现场表演看作合理的出处，只是没有足够的空间去罗列各种类型的例子。如果现场表演是你的研究的支柱，那么即使《芝加哥手册》中没有这种引用形式也不妨碍你引用它们。你可以模仿各种引用成分（表演者、标题、地点、日期）的标准顺序，或者以对你的作品有意义的方式排序，例如按时间顺序排列同一个人的作品。

问：求助一下。我需要引用一首诗中的几行，但这本诗集没有页码。我是应该加上页码呢，还是写成"诗1""诗2"？我的引用格式是作者/日期。例如，在引文后我需要加出处，就写成（Grimes 1999, ???），可是没有页码啊！

答：如果你已经提到了这首诗的题目或序号，就可以写成（Grimes 1999, n.p.），这表示没有页码。如果前文没有提到题目或序号，你可以把题目加在出处中，写作（Grimes 1999, "Something Will Happen"）。"n.p."在任何情况下都不是必需的。

问：在引用报纸中出现的多条内容和页码时，能否如下文这样写？

1.*Southern Patriot*, 20 January 1835, 3, 27 January 1835, 3, 30 January 1835, 3, 2 February 1835, 3, 3 February 1835, 3, 3 March 1835, 3, and 19 March 1835, 3.

答：不能这么写。当我看到"1835, 3, 27"的时候，眼睛就开始花了。这里需要加入琳内·特拉斯（Lynne Truss）所说的"发生逗号冲突时的特殊警察"，即分号［*Eats, Shoots & Leaves*(New York: Gotham Books, 2004), 125］：

1.*Southern Patriot*, 20 January 1835, 3; 27 January 1835, 3; 30 January 1835, 3; 2 February 1835, 3; 3 February 1835, 3; 3 March 1835, 3; and 19 March 1835, 3.

另一种方法是省略页码，就像在引用报纸内容时常做的那样，因为在同一份报纸的不同版本中，文章可能会出现在不同页面。

问：我最近写了一篇文章，使用了我已经成年的儿子给我的一些信息。当我告诉他自己使用了这些信息时，他说我必须注明引用。在我看来，如果这个"信息来源"是你生出来的，并且他仍然生活在你的屋檐下，你就不必引用他。你怎么看？

答： 很抱歉，不过恐怕你的确欠了他点什么。如果你不想注明自己引用了他，也可以把这件事当成一种雇佣安排。告诉他，他可以在下次交房租的时候用这件事抵一部分租金。

- -

问： 我将谢莉·杰克逊（Shelley Jackson）的短篇小说《皮肤》（"Skin"）作为我正在撰写的一篇文章的主要参考文献，但这个故事的发表形式是文在志愿者身上（每名志愿者身上文一个单词）。请问我该如何引用这个作品？

答： 就像你引用三明治、百叶窗或浴室地毯下的绒毛一样，不要把它当作参考书目的来源，而是说清楚它是什么。在文本或注释中可以这样写："谢莉·杰克逊的《皮肤》是以文身形式发表在志愿者身上（每名志愿者身上文一个单词）的故事。"

注　释

问： 请问注释引文中的 "ibid."（出处同上）应该用斜体吗？引文应该比正文其他部分的字号小吗？如果出版社规定书稿

只能用美式拼写，不能用英式拼写，那么应该修改引文中的拼写单词吗？

答： 不应该。不应该。不应该。

....

问： 我需要引用一段引文，这段引文最初转引于一本书（book 1），该书引用了相关文本的档案来源，而我引用的书则引用了"book 1"。那么我该如何引用这段引文呢？既然文本已经从原始出处被转引了这么多次，那我应该把出处说明到什么程度？在脚注中，我可以写"Transcribed in..."（转引自……）吗？

答： 你和原始文本之间的中介越多，你就离真实的证据越远，离谣言越近。如果无法查阅原始文本，你就有责任向读者传达引文的转引过程。不用写得多漂亮，"Transcribed in"就是个不错的开头。

....

问： 我在脚注中引用了一句话，而原文本身也有一个脚注。这个脚注（即原作者的脚注）是讨论的重点，所以我想把它也写进我的脚注。我该如何处理这种情况？我目前是这样做的：

1. Author (date: page) writes, "Body of quote

[original author's footnote[#]] ([original author's footnote #] body of footnote)."

答： 这样过于复杂了。你可以省略脚注的序号，按照惯例这通常可以省略（请参阅《芝加哥手册》13.7 节）。在引文后写上 "Smith adds in a note that. . ."（史密斯在注释中补充道……），你愿意的话也可以在引文或改写的末尾处加上脚注序号，例如（2004, 25n16）。

....

问： 一条引文中可以包含多少出处？依我看，下面这条夹注中的出处太多了：

（Hong & Kuo 1999; Holton 2001; Rowden 2001; Reichert 1998; Gravin 1994; Holt et al. 2000; Griego et al. 2000; Thomsen & Hoest 2001; Goh 2003; Porth et al. 1999; Gardiner & Whiting 1997; Watkins & Marsick 1998）

有没有什么规则可以解决这两个问题：（1）多少作品算太多了？（2）如何处理需要删除的作品？建议把它们纳入别处吗？

答："作者 – 日期"这个格式很不美观，因此你想修改是可以理解的。但是，正确的作品数量应该是作者需要列出的所有用以支持自身观点的作品的数量。对于编辑来说，删减作者的引文出处并不是一个好主意。在经常使用"作者 – 日期"格式的学科中，读者已经习惯于被它打断，他们似乎很欣赏这种简练的信息传达方式。

问：我们可以在注释中使用"*apud*"吗？

答："*apud*"（拉丁语的"at""beside"或"within"）位于作者姓名或标题前，表示出处。它的用法和法语单词"chez"（在）类似，表示"在作品中"或"根据"，比如"*apud* Homer*"（出自荷马）。当你只想给古典文学的老师或上了年纪的读者留下深刻印象，且不在意他人是否理解时，这个词就很适用。

问：如果作者在尾注中引用了他人书信集内某封信件中的一段引文，而这封信出现在书的附录部分，那么尾注该怎么写？这本书是《戴留斯：信中的一生，1862—1908》（*Delius: A Life in Letters, 1862–1908*），编者是莱昂内尔·卡利（Lionel Carley）。我正在编辑的文章的作者引用的信件来自弗雷德

里克·戴留斯（Frederick Delius）的妻子杰尔卡·戴留斯（Jelka Delius）。我查阅了《芝加哥手册》第 14 章，没有找到与这个问题有关的信息。作者原文如下：

1. "Jelka Delius: Memories of Frederick Delius," appendix 7 in Lionel Carley, ed., *Delius: A Life in Letters, 1862–1908*, vol. 1 (London: Scolar Press, 1983), 408–15.

这样写对吗？是否应该改为：

1. Jelka Delius, "Memories of Frederick Delius," in. . .?

但愿我不会因为问题太蠢而被责骂。

答：你的问题一点都不蠢！遇到复杂的引文就是需要把格式考虑得面面俱到。作者的写法表示这本书有一个附录的标题是"杰尔卡·戴留斯：回忆弗雷德里克·戴留斯"。而你修改后的意思变成书中有一个附录的标题是"回忆弗雷德里克·戴留斯"，这个附录是由杰尔卡·戴留斯写的。如果你不能找到原书证明你是对的，那就不要改动。

直接套用固定格式而不考虑引文的含义是很危险的。我们的目标是准确传达引文出处，尽可能规范地使用标点符号和格式，并且不对意思造成任何损害。以《芝加哥手册》的标准，你的引文该写成这样：

1. "Jelka Delius: Memories of Frederick Delius," appendix 7 in Frederick Delius, *Delius: A Life in Letters, 1862–1908*, ed. Lionel Carley (London: Scolar Press, 1983), 1:408–15.

参考文献

问：如果参考文献中缺少某些信息，我该怎么办？例如，很多时候我只记下了出版日期，但找不到卷号和刊号。有时我也找不到整篇文章的页码。例如，我记下了要引用的那一页的页码，但不知道整篇文章的页码。这真是个问题。我是学历史的，正在写关于 20 世纪 30 年代的材料的博士论文，而我所引的资料在网上是找不到的。

答：我想你的确遇到了麻烦。首先，在网上试着再搜索一下。

即使找不到文本，也有可能找到他人的引用，说不定包含了缺失的信息。搜索文章标题和你所知的一切信息（期刊名和年份）。有时，如果你搜索期刊、年份和页码（不要搜索文章标题，这会限制搜索结果），可能会查到卷号和刊号。不过你要仔细判断自己查到的东西是否可靠。最好在多个可靠的网站上确认信息，要记住，错误的信息往往会在网上快速传播。

如果你在网上找不到所需的信息，就只能用一些老方法来挖掘信息了。你可以到你做研究时常去的图书馆或档案馆寻找资料来源，也可以通过电子邮件或电话向参考馆员求助。

在某些情况下，忽略一些信息并不是灾难性的。例如，如果你的注释引文给出了你所引材料的年份、卷号、刊号和页码，那在参考文献中也可以不提供整个材料的页码。遗憾的是，在没有刊号的情况下，即使引文包含了年份，只有页码也没什么作用。在这种情况下，除非你确定当年的页码是连续的，而不是每期重新编号，否则你应该考虑去掉这条出处。

话说回来，这是不是应该怪你没有完整记录下出处的信息呢？

问：如果要引用两位同姓作者的内容，并且他们的著作发表年份也一样，该怎么做？当我使用"作者－日期"这种引用体系时，我该怎样区分这两条引文出处？

答：加上名字的首字母缩写（R. Jones 2000; B. Jones 2000）。如果首字母也相同，可以加上一个简短的标题（Jones, *Big Book*, 2000; Jones, "Little Article", 2000）。如果是同一作者的作品，则在日期后加上字母（Jones 2000a, 2000b）。

....

问：我有一个关于参考书目中某本书的出版地（国家）的问题。《芝加哥手册》说可以选择被引用书籍的标题页或版权页上的地点。我的问题是，如果你需要说明特定的国家，但国家名已经变了，你是用书中的名字还是用现在的名字？例如，如果标题页上显示"苏联"，参考书目列表中是否应该改成"俄罗斯"？

答：选择标题页上的内容。读者在寻找一本书时，需要的是印在书上和记录在图书馆档案里的具体信息。修改这些细节与参考书目的作用背道而驰，标注参考书目是为了记录出处并帮助读者找到这些书。（不用去查询参考书目列表中每个国家的政治发展史，这难道不是令人高兴的事吗？）

....

问： 如果一个组织的真实名称被化名代替了，该怎么引用这个组织的网站呢？

答： 嗯……假网址？数据加密？神奇墨水？（这个问题是恶作剧吗？）

....

问： 《芝加哥手册》和《芝加哥大学论文写作指南》（*A Manual for Writers of Research Papers, Theses, and Dissertations*）没有针对电子游戏的标准引用格式，对吗？

答： 《芝加哥手册》和《芝加哥大学论文写作指南》都有关于视频的引用示例，它们也适用于引用电子游戏。请参阅《芝加哥手册》14.279 节和《芝加哥大学论文写作指南》17.8.5 节。举个例子：

Cleese, John, Terry Gilliam, Eric Idle, Terry Jones, and Michael Palin. "Commentaries." Disc 2. *Monty Python and the Holy Grail*, special ed. DVD. Directed by Terry Gilliam and Terry Jones. Culver City, CA: Columbia TriStar Home Entertainment, 2001.

....

问：曾几何时，你可以通过查号服务台用出版社的地址来查询它的电话号码，现在已经没人这样做了，而且出版社经常搬家或者被收购等，所以出版社的地址往往很不明确。作者们每年要花费数万小时查找或整理出版社的地址。摆在我眼前的问题是，一名编辑要求我确定剑桥大学出版社的地址，他说这是芝加哥格式的要求。你能给我一个合理的理由，告诉我为什么要为此花费精力和笔墨吗？这会让我好受一些，因为我觉得这件事就像个毫无现代价值的空洞仪式，参与者似乎对数字时代毫无意识。这种对古老规则的坚持让我想到了《银翼杀手》（*Blade Runner*）中人造人的哀叹："我们太蠢了，我们会死的。"

答：我们受到的误解太深了！《芝加哥手册》从未主张过这种做法。从 1906 年的第一版开始，我们就非常明确地说明"这些只是规则，在实际情况中，规则并非固定不变的法律。规则只适用于一般的情况，一定要灵活使用"。至于出版地，对于学术研究来说，出版地有助于追溯学科内的文献发展情况（尤其适用于历史悠久的出版社）。其实，对于学术写作来说，只列出所引作品的出版地而省略出版社的现象并不罕见。在这种情况下，编辑或出版社必须决定是否需要作者提供更多的信息。

问：求助一下，有什么简单的办法能让参考文献不那么麻烦？

答：你可以让参考文献简短一些。可以在网上查询出处，然后复制粘贴，你就不用打字了。也可以购买能帮你整理参考文献格式的软件。也可以让你妈妈帮你做。

倘若？

问：我们目前正在修改某章节的参考文献，遇到了一个问题：同一年份的两个出处的前七位作者都相同，我们不知道该如何在文本中区分他们（作者、年份）。在这种情况下，将 a 和 b 加到年份中是不合适的，因为从第八位作者开始就不一样了。我们应该把八个作者的名字都列出来吗？

答：恐怕你只能把所有作者的名字都列出来了：

(Grumpy, Doc, Happy, Sleepy, Bashful, Sneezy, Dopey, and Snow 2008)

(Grumpy, Doc, Happy, Sleepy, Bashful, Sneezy, Dopey, and Queen 2008)

另一种方法是在参考文献列表中加上一些类似于"In text, referred to as Grumpy et al. [1] 2008"的内容。不在年份后加 a，而是在作者名后加 [1]，说明"Grumpy et al. [1]"和"Grumpy et al. [2]"是不同的作者们，而 2008a 和 2008b 表示相同作者组合的不同作品。

问：我正在编辑参考书目列表中的一个条目。我们需要提供访问日期。作者访问材料的日期与材料的出版日期相同；但是材料发表于菲律宾，在美国被访问，所以我们的访问日期比出版日期早一天。出版社和客户认为这看起来很奇怪。请问你认为下面的选项哪个最好，或者最不讨厌哪个？

（1）保持访问日期不变（出版日期的前一天）

（2）把访问日期的信息改成"在出版日期访问"

（3）将访问日期更改为出版日期

（4）其他方法

答：你的问题对我们来说很新颖！第二个答案看起来最好，可以再加上美国日期，考虑到这个日期可能很重要：在出版日期访问（美国时间 2012 年 5 月 6 日）。

问：我是一部小说的责任编辑，我找不出题词的最佳表达方

法。这部小说的题词是"What I am is what I am"（我就是我），作者希望将出处写成"Lauryn Hill, 'A Rose Is Still a Rose.'"（劳伦·希尔，《仍见玫瑰》）。但事实上，这句歌词来自伊迪·布凯尔和新波希米亚人（Edie Brickell & New Bohemians）的歌曲《我是什么》（"What I Am"）。劳伦·希尔在艾瑞莎·富兰克林（Aretha Franklin）录制的《仍见玫瑰》中演唱了这句歌词。我的直觉是应该把这句题词的出处注成伊迪·布凯尔和新波希米亚人，但这本书是都市小说，所以引用劳伦·希尔对作者来说很重要。我不想把这件事搞得太复杂，因为这是一部小说，题词应该唤起读者的思绪，而不是让他们分析音乐采样的细节。有什么建议吗？

答：把这句话的出处注成劳伦·希尔太草率了，这是种误导。如果劳伦·希尔演唱美国国歌，你会不会把"O'er the land of the free and the home of the brave"（在这自由国土，勇士的家乡）的出处也注成她？如果作者决定引用劳伦·希尔的话，她应该用劳伦·希尔自己的歌曲中的歌词。否则，她必须注明真正的作词人是谁。如果她愿意的话，可以加上"as sung by Lauryn Hill"（由劳伦·希尔演唱）。

··

问：我正在编审一部学术著作的译本。译者和编辑决定使用两套注释：作者的注释作为脚注，用阿拉伯数字连续编号；译者注作为尾注，用罗马数字连续编号。作者和译者的注释都很长（尤其是译者注）。译者和编辑不希望在作者的注释中使用符号，但文本中有两套引用编号似乎有些尴尬和混乱。在这种情况下，还有没有别的办法呢？

答：虽说这种情况并非完全不可能出现，但用罗马数字做注释的视觉效果有点令人讨厌。[xxxviii] 更好的选择可能是省去译者尾注的数字或符号，把注释和文中的短语相关联（参阅《芝加哥手册》14.48 节）。或者，你可以把所有注释（作者注和译者注）用同一套编号做成尾注（或脚注），把译者编写的注释加上"—Trans"（——译者注）的标记。

引文和对话

问：句号永远放在引号内。有人告诉我，当引号内只有一个数字或字母时是例外情况，比如下面这个例子。我是不是被误导了？

The figure is impressed "1".

数字印的是"1"。

答：你的确有些被误导了。关键在于，无论引用多少字母或数字，只要句号不是包含在引号内的内容，就放在引号外：

Type in the code "W1.GH.748".

键入代码"W1.GH.748"。

Please make the button read "Page Up".

请把按钮改为"向上翻页"。

芝加哥格式会将从 1 到 100 的数字拼写出来，所以单个数字不太可能出现在引号中，但是单个字母可以带句号引用，不会有什么不良效果：

He demanded to know who ate the Twinkie, and she
answered, "I."

他要知道是谁吃了夹心面包，她回答说："我。"

Asked to give a middle initial, she replied, "X."

被问起中间名的缩写，她回答道："X。"

问：我正在编辑几位小说家的采访稿。作者频繁用省略号表示讲话或思考的长时间停顿。这是省略号的正确用法吗？在转引的对话中，你如何区分长时间停顿和省略呢？

答： 是的，省略号可以用来表示长时间的停顿。如果你也用省略号来表示省略，就需要进行区分，并在注释中解释你的做法。一种方法是用普通的英文省略号 "..." 表示停顿，用带括号的省略号 [...] 表示省略。

问： 我可以像作家弗兰克·麦考特（Frank McCourt）在他的回忆录三部曲中那样写不带引号的对话吗？

答： 可以。

问： 如果引用的是法庭证词，而说话人经常使用不正确的语法（重复单词、说句子片段或不合逻辑的句子等），可以整体修改并使用括号来说明这些改动吗？免责声明是否有效？

答： 这取决于你的目的。一般来说，法庭证词必须（尽可能）按原样引用，因为使用者要求看到准确无误的证词，而不是被编辑根据个人喜好和判断修改过的证词。在非法律或非学术性的作品中，你可以更自由一些（加上免责声明），虽然你的改动很多，但修改后的内容应该会更优雅，可读性更强。

问： 我正在编辑一份手稿，其中一段引用文字提到了 20 世纪。这段话来自《纽约时报》，上面写的是 "20th century"，这与本书其他部分的数字格式不一致。拼写出引文中的数字（twentieth century）是可被接受的改动吗？

答： 不，这不可以修改。但你也不用担心不一致的情况，读者不会追究你的责任。他们知道你无法编辑已经出版的东西。

....

问： 我知道应该用逗号引出对话，典型做法是 "He said, 'Get my copy of CMOS!'"（他说，"拿一下我的《芝加哥手册》复印件！"）。但引出观点、说明或提问又该怎么处理呢？下面这些句子是应该使用逗号、冒号，还是什么都不用？

Ask, "What's your name?"

提问，"你叫什么名字？"。

Explain: "Today we are going to learn to say our names."

解释："今天我们要学习说自己的名字。"

Say "I like apples."

说"我喜欢苹果"。

这几句话出自一本指导读者管理课程的教师手册。作者在许多地方使用了冒号，但在有介绍性文字的长句中，她却使用了逗号或不使用标点符号，例如：

Explain to your students, "Today we are going to. . ."
向你的学生解释，"今天我们要……"。
Say in your best character voice "I'm ten!"
用你最有个性的声音说"我十岁了！"。

我发现自己倾向于使用冒号，但也很矛盾；因为这是一本教师手册，所以有很多类似的句子。在把一页上所有的例子都改成冒号以后，屏幕上这么多冒号着实吓了我一跳！你有什么建议？

答：作者在选择引文前的标点符号时有很大的余地，想制定规则几乎是不可能的。一般来说，冒号更有强调性；逗号或不使用标点符号的干扰性较弱。如果你所引用的对象是一个简短的直接宾语，那么也可以用没有标点符号的祈使句：

Ask "What's your name?"
问"你叫什么名字？"。

Say "I like apples."

说"我喜欢苹果"。

请注意，在这些例子中也可以使用逗号。如果祈使动词后引用的对象是对命令的阐释或演示，而不是作为直接宾语，那么用冒号更合适：

Explain: "Today we are going to learn to say our names."

解释："今天我们要学习说自己的名字。"

问： 我正在编辑一份手稿，里面有一段很长的摘录使用了大量括号；事实上，所引的原文还有几个斜体的"sic"。我该怎么办？我不希望读者认为这些插入词是我们加的！我可以说"brackets in original"（原文中的括号），但还有一些内容需要我们加括号。也许我应该在每个 [sic] 旁边加上一个 [sic]。（开个玩笑。）

答： 是的，加一个注释"Brackets in original"是正确的做法。（尽管我喜欢你在"sic"旁边加"sic"的主意！）在括号内添加自己的注释时，需要加上"Eds."（编者注）或只是

"*Ed.*"，这样更为清晰。

....

问： Microsoft Word 文字处理软件建议我把 "What do you mean 'unfortunately?'"（你说 "不幸的是？" 是什么意思）改成 "What do you mean 'unfortunately'?"（你说 "不幸的是" 是什么意思？）。我应该让 Word 不要管我，还是我搞错了？我记得在美式英语中，引号要包裹着所有与之相邻的标点符号？

答： 是你搞错了。问号和感叹号不能包含在引号中，除非它们也是引文的一部分。（请参阅《芝加哥手册》6.70 节。）但是 Microsoft Word 不可能猜出原始引文，所以是的，你可以告诉它别管你。

第 6 章

神圣的形而上学啊
——我们没有那么花哨

* 作者、标题和题录 * 排版 * 插图 *
* 许可、文献出处和实践问题 * 索引 * 使用格式手册 *

　　对于第一次接触《芝加哥手册》这本橙色大书的作者和学生来说，让他们把上千页的内容应用到自己的文章中可能会使他们感到恐惧。但是，《芝加哥手册》与格式、语法或引用出处等棘手问题并不相关。手册中的大部分内容在讲如何用更具创造性的方式来写一本书或一篇用于出版的文章，从罗列作者到处理格式、字体、插图和索引。并不是说这些问题没有争议，可用的处理方式越来越多，不同的意见也必然随之增加。

作者、标题和题录

问： 尊敬的《芝加哥手册》工作人员，在我们最新一期的期刊中，我把文章标题下的五位合著者的姓名按照字母顺序重新排列了。其中一位合著者对此表示不满，并要求保留原来的顺序，但为时已晚。我认为原来的排序暗示了作者身份的等级关系。我该如何回应这位对我感到不满的作者？

答： 你的回复应该是道歉，并承诺在下一期纸质期刊和在线期刊中做出更正。姓名顺序对于某些学科的作者来说很重要，因为它能够表明谁是主要作者。对于阅读论文或在简历上看到引文的人来说，这也很有意义。能否以主要作者的身份发表一定数量的文章有时也会影响就业和晋升。这真是一个令人遗憾的错误，这种错误可能会让期刊的声誉受到影响。请尽一切努力弥补这个错误吧。

问： 我曾经认为在书的封面加上作者的学位（Steve Smith, PhD）很庸俗，但现在我想知道这是不是一种通行的做法。你怎么认为？这是否仅仅取决于个人？

答： 这要看情况。这在学术写作中是没有根据的，但如果一本书面向大众读者，并且学位可以让潜在读者对作者的资格有个概念，一些出版社就会希望把学位写出来。例如，医生写的饮食健康书，植物学家写的有关兰花的书。作者和编辑应该咨询出版社的市场部门，以便做出最好的决定。

问： 我和十二位作者一起写了一本书。其中一位作者也是该书的编辑，他把自己的名字列在了第一位，注明"作者／编者"。我认为作者应该按照字母顺序排列，然后是编者。我的想法对吗？

答： 作者们在姓名排序上一争高下是个老传统了。如果整本书都由十二位作者撰写，你的建议就合理。如果本书的每个章节都由不同作者写成，那么更符合常规的做法是在标题页上只列出编辑。其他作者会被列入目录，也可能会被列在封面或封底，这取决于他们有多出名。

问： 当一本书再版的时候，修改书名是否合适，还是所有版本的书名都应该完全相同？

答： 没有哪条法律禁止更改书名，但这样做可能会很尴尬——想想这可能带来的困惑吧。只要出现了新书名，就必须澄清：《用权力说服》(《女性取悦他人指南》第三版)。一般来说，更改书名不是个好主意，除非由于某种原因，旧书名已经完全过时、令人不快，或者在其他方面有问题，以至于即使新书名让人困惑也比保留旧书名好。

问：如果一本书的原作者已经去世，而这本书正在被其他人修订，该如何处理标题页？应该提到原作者吗？

答：太可怕了！即使作家去世，他们的笔墨也不应当被他人夺走并据为己有。标题页上只需出现原作者这一个名字，修订者的名字可以排在第二位（"某某修订"），也可以不写修订者。如果修订者想登上标题页，请让他们写出自己的作品。

排　版

问：对于商业信函、研究论文、销售和营销材料来说，哪种文档适合两端对齐，哪种适合不对齐？

答：两端对齐通常适用于经过专业设计的排版材料。其他材料都应该不对齐。在很多情况下，你可以自己判断：即使启用了自动断字功能，如果两端对齐导致有的行被拉长，而有的行挤在一起，那么最好还是不要对齐。

问：提交竞赛论文时，字体和文字大小要紧吗？

答：竞赛规则通常会给出提交作品的要求。如果没有，出版界的标准是使用 12 号大小的衬线字体，如 Times New Roman。各边的页边距为 1 英寸（2.54 厘米），不使用彩色，不使用全部大写的单词。每段首行缩进。段落之间不加空格。句子之间只键入一个空格（不是两个）。编辑们希望文本清晰明了、观点明确。用粗体、斜体和大写字母装饰的文章看起来很不专业。如果你要参加比赛，祝你好运！

问：与正文字体相比，脚注的字体是否需要缩小？

答：在原稿中，所有内容的大小都应该相同。在出版物中（无论是纸质还是电子版），注释的字体应该缩小。

问：我要说的是关于句号后应该加两个空格的问题。作为一名美国海军陆战队队员，我知道什么是对的，而你是错的。我宣布，在句号后加两个空格更为美观。如果你拒绝改变自己的固执，我会请求指挥官允许我带一名海军陆战队队员去征服你的组织，并实施我的规则。你应该在句号后加两个空格。句号。永远忠诚（*Semper Fidelis*）。

答：作为一名美国海军陆战队队员，你可能是某方面的专家，但恐怕不是这方面的专家。就这样（*Status quo*）。

问： 好吧！我努力遵循着"标点符号后加一个空格"的规则。这并不是一件容易的事情，毕竟我是个年近七十的退休英语老师，过去我给那群求知若渴的学子们教的都是旧规则。对于我这种上了年纪的学习者，你们有什么学习建议吗？我受够了一次次地出错，又一次次地改正。但无论如何，我都在不懈努力。

答： 你做得很好。最简单的方法可能是在文档完成之前先保留错误，然后使用查找和替换功能来消除所有双空格。在"查找"框中键入两个空格，在"替换为"框中键入一个空格，点击"全部替换"就完成了。（最后，如果文字处理器告诉你未找到搜索项目，那就庆祝一下吧！）

插 图

问： 行文中可以提及后续章节中的插图吗？比如说，可以在 2.4 节提到 3.12 节的图 3.9 吗？我认为这是不可以的，你只能提及在本节或之前出现过的插图。但指涉后续章节内容和调用附录信息（但不是表格和图片）似乎与此不同，它们不受这条规则约束（而这一规则或许是我在不知不觉中制定的）。

答：在很多情况下，不必把普遍的规则理解得那么死板，这个问题正是如此。如果某张插图主要放在第三章讨论，但作者想在第二章略提一句，那么既不应该禁止这种做法，也没必要迫使作者把图移到第二章而远离它的主要语境。作者在组织内容时，应该按照文中的讨论顺序对插图进行编号。但之后作者想在哪里提到哪张图，这是他的自由。

问：如果想在文本中引用表格的某一列或某一行，有什么好方法吗？我倾向于写出列标题或表格头栏，而不是用序号，因为我觉得这样更清楚。例如，"See 'Countries' column"（见"国家"列）而不是"See column 4"（见第 4 列）。这样做有错吗？

答：完全没有。有些表格的行和列有编号，在这种情况下，"见第 4 列"是引用该列的最佳方式。但当列标题是单词或短语时，引用数字可能就不太清晰了。比如，哪一列是"第 1 列"？是表格头栏还是表格头栏后的第一列？并且在列数很多的表格中，读者将不得不通过数列数来查找数据。

问：对于插图很多的书，我使用了双编号这种受欢迎的方法（比如用 4.1 表示第 4 章的插图 1）。我的问题是，这本书的前言中有两幅图，而之后的导论没有插图。要是把编号写成 P.1 或者 0.1，看起来会很别扭。我该怎么给前言里的插图编号？

答：你提的两种办法都很常用。虽然两者都算不上漂亮，但它们都很实用。

....

问：我在编辑期刊时遇到一个问题：有一页的内容是一张沿着侧边方向排印的图片，并且针对这张图片的说明还附有一条脚注，那么脚注是应该与图片及说明方向一致（即旋转 90 度），还是应该保持正常的方向？

答：给图片说明加脚注的情况并不常见。一般情况是在说明里直接写上"Note:"（注：），所以你在《芝加哥手册》中找不到相关规则。但是，让两段文字成直角并不是个好主意。如果可能的话，最好的办法是让同一页的文字保持同一方向，以使读者不用转动书就可以连续阅读。

许可、文献出处和实践问题

问：在一本自费出版的小说中，如果提及某个产品名称、品牌或其他商标名称，是否需要得到相关公司的许可？

答： 不需要。不论我们能不能买得起保时捷汽车和 Jimmy Choo 牌鞋子，我们都可以免费谈论和书写它们。

问： 一位主教曾给一本书写了宣传语，后来这位主教晋升为红衣主教，而这本书很快将再版（第二版）。封底上的宣传语应该更新为他的新头衔吗？还是应该保留他写宣传语时的头衔？

答： 这与其说是编辑问题，不如说是营销问题，《芝加哥手册》对此保持沉默。我相信营销会悄悄更新头衔，因为更华丽的头衔令人印象更为深刻。然而，如果宣传语早已过时或者很有争议，你就需要想想这是否会歪曲推荐者的观点，在这种情况下用旧头衔（或者更新宣传语）更能说明真实情况。

问： 我在一家大型童书出版社工作。最近我注意到一种趋势，即制作图书时在书的末尾不留任何空白页。我想知道在（针对青少年的）小说作品中，关于末尾空白页数有没有什么规定。很多出版成人图书的出版社告诉我，最多可以留六页空白页，并且最好至少有两三页的空白页，以便后期进行内容修改和补充。但我在网上和《芝加哥手册》中都找不到能证明这种说法的内容。先谢谢你的点拨。

答：在传统的胶版印刷中，大张的纸通常被折成 16 页或 32 页（有时可能是 8 页或 48 页）的"书帖"，把这些书帖装订在一起并切边，就做成了书。因此，书籍的页数至少是 8 的倍数，通常是 16 的倍数。儿童的图画书常常是 24 页、32 页、48 页或 64 页。针对青少年的图书则页数更多、倍数更大。在书中留空白页并不是一个目标，而是因文本和插图无法填满全部空间而出现的不可避免的现象。因为手动撕掉空白页不划算，所以出版社也就对空白页视而不见了。数字印刷不使用大张纸，所以很多自费出版或者按需印刷的书籍可能没有空白页。

问：你好，我负责编辑一本历史教科书的文献出处，我想请问照片组合（两张或多张照片被整合成一张图片用于印刷）的出处应该怎么写。如果把所有照片的出处写在一行而不用标记或文字区分，会使感兴趣的读者很难分辨出照片组合的各个部分来自哪家公司或哪位摄影师。请问你有什么解决方法吗？

答：有时可以用"clockwise from upper left"（从左上顺时针）或"top, left to right; center, left to right; bottom, left to right"（上，从左到右；中，从左到右；下，从左到右）这样的方式来指称拼合图片。另一种方法是用线条画一个小

示意图并给各部分编号，这样就可以对应编号写出处。对于叠加或混合的图片，试图将各部分区分开来并没有多大意义，只须按字母顺序列出来源即可。如果必须将每个元素和来源相匹配，你可能需要印上原作的缩略图作为参考。

. . . .

问： 我在一家大学出版社工作。在一次执行编辑会议上，我们对词汇表应该放在哪里的问题产生了分歧。《芝加哥手册》建议将词汇表放在注释和参考书目之间。如果这是你们的最终答案，我们会接受，但还是想问问为什么。多谢！

答： 和《芝加哥手册》中的很多规则一样，这个规则诞生于很多年前。在手册的早期版本中，词汇表就是这样放置的，下一版沿用了上一版的做法，此后的版本继续沿用这样的做法，直到今天。显然，一开始有人认为这是个好主意，此后的几代人也没有找到理由推翻这种做法。这就是原因。

索　引

问： 我知道尾注也应该编入索引。但在这种情况下，是应该列出原文出注的那一页，还是这条尾注实际所在的页码？如果是后者，那么这页尾注中的所有词条在索引中将只有同一个页码……也就是尾注页。这样做对吗？

答：对，索引的存在是为了告诉读者在哪里可以找到特定信息。如果你标注的是原文出注的页码，读者只能找到一个注释标记，仍然不知道那条特定尾注的页码，于是读者只能从头浏览一遍尾注。直接标明注释所在的页码（当然还有注释的编号）是更有效率也更友好的做法。

- -

问：我应该如何为"Teodoro Obiang Nguema Mbasogo"（特奥多罗·奥比昂·恩圭马·姆巴索戈）这个名字编制索引？

答：在没有其他信息或建议（比如来自作者的建议）的情况下，就按照通常的方式为不熟悉的未加连字符的名字编制索引，也就是按照姓氏索引——本例中为 Mbasogo。《芝加哥手册》16.71—16.87 节有关于特殊类型人名的索引规则。

- -

问：我的作者在索引中加入了致谢部分。内容是："我非常感谢 X 和 Z 提供的材料和相关对话，这对本文的研究很有帮助。"我认为没有必要在索引中提到 X 和 Z。你怎么看？

答：虽然在索引中可能没有必要提到某些名字，但如果空间允许，一些"虚荣"条目的存在也是很常见的。这位作者希望他的同事或导师能找到自己的名字，而作者显然没能在书中以更实质性的方式引用他们。

问：我正在为一本关于日本帝国统治历史的书编写姓名索引，这本书提到了很多日本神明。神与早期的日本天皇联系紧密，比如第一代天皇据称就有神的血统。我认为只有人的名字才能被列入姓名索引，但是否有例外，比如这本书里的情况？

答：如果你是这本书的作者，你可以决定在索引里放什么内容。如果你在为别人编写索引，那就让作者去做决定。如果要在索引中包括神的名字，可以将索引重新命名为"人物及神明索引"，或者单独给神列一个索引。无须担心规则和例外，想想这本书的读者需要什么，然后为他们创作。

问：你好！我在为一本书编写索引，发现同一个人的名字出现了数百次（这本书讲的是这个人的哲学理念），我应该把它们都编进索引中吗？关于他的作品也存在同样的问题，他的一些著名作品被反复提及和引用，没有几百次也有几十次了。

答：想象一下，你正在用这个索引查询书中的内容。把他的每次出现都列出来有什么好处？读者已经知道整本书都在讲X了。专业的索引编写者不会把这本书的主要论述对象放进索引，但是如果你要把主要论述对象列入索引，就应该将其分成不同的条目，甚至是子条目，这样读者才能找到他们要找的内容。（事实上，当某条索引超过五个页码，就应该进一步细分。）一些为传记编写索引的编辑会把传记主人公的人名编成一个条目，但只在这个条目中列出与主人公的人生大事（如出生、婚姻、死亡）相关的段落，这些内容不便列在索引的其他部分中。还有一些索引编写者会在主人公的名字下面写上 "Works. *See titles of individual works.*"（作品。参见各作品的标题）。你提出这样的问题说明你还需要学习一些关于索引的知识，我建议你读一读《芝加哥手册》上有关索引的章节。

使用格式手册

问： 我发现《芝加哥手册》中使用的编号系统仿照了《逻辑哲学论》（*Tractatus Logico-Philosophicus*）。这是事实还是我判断错误？《芝加哥手册》中是否提到过这一点？

答： 神圣的形而上学啊 —— 我们没有那么花哨。《芝加哥手册》只是从每一章的开头开始为每个段落编号，比如 7.85 节就是第 7 章第 85 段。维特根斯坦（Wittgenstein）的体系为他陈述七个命题提供了一个复杂的嵌套结构。在《逻辑哲学论》中，6.1 节阐述了命题 6，6.11 节进一步阐述了 6.1 节，6.111 节进一步阐述了 6.11 节。这样，你可以跳着阅读简单了解大致内容，也可以顺着阅读钻研更多细节。

问：我是公司的第一个也是唯一一个技术作家。公司没有格式指南，我知道从法律层面上讲，使用《芝加哥手册》没什么问题。但是，我想知道使用《微软格式手册》（*Microsoft Manual of Style*）是否合法？

答：我觉得这取决于你用它做什么。（它有多重？）

问：你们会不会专门为《芝加哥手册》设计一个文字处理程序？

答：如果你能把世界上所有的猴子放在世界上所有的计算机前，再加上世界上所有的技术顾问，也许有一天就会有这样的程序。

/ 第7章 /

啊！噢！哇！

---

* 按字母顺序排列 * 编辑的一团乱麻 * 特殊符号 *

* 网址 * 你可以查一查 * 这事可太吓人了 *

即使像《芝加哥手册》这样的大部头格式手册，也无法涵盖所有内容。如果你遇到一个奇怪的问题，就像我们在问答版块中收到的问题一样，请不要惊慌。我们希望你能找到《芝加哥手册》中最相关的部分，然后根据你读到的内容进行推断。在索引、目录中或网上搜索，如果你读到了我们的建议并得出了自己的解决方案，就把它记下来，这样当你再在同一个文档里遇到同样的问题时，你就可以用同样的方法处理了。

按字母顺序排列

问： 在按照字母顺序排列的时候，冠词、介词和连词不按照字母顺序排列是正确的吗？例如，应该把"Albert the Great"（大阿尔伯特）放在"Albert of Saxony"（萨克森的阿尔伯特）之前吗？

答： 按照字母顺序排列时，每个字母都需要考虑在内。请参阅《芝加哥手册》16.61 节中的例子：

newsletter

时事通讯

News of the World (Queen)

皇后乐队专辑《世界新闻》

news release

新闻稿

问： 我是单位内部杂志的编辑。我需要按字母顺序排列捐赠者和会员的名单。关于下面这种情况，我没有在《芝加哥手册》中找到可以参考的内容：一对夫妇共同捐赠（因此应该写在一个条目中），但他们的姓氏不同。这似乎是一个礼仪问题，但我也没有在相关参考资料中找到什么有用的内容。这类名字是应该按照在捐赠者提交的表格上排在首位的伴侣姓氏排序，还是按照男士的姓氏排序？请说说你的意见。

答： 按照男士的姓氏排序？这确实是一种方法。（你还想不想让那些管钱的女士们继续捐赠了？）还是按照表格上列出的姓名排序更明智一些。

问： 我和一位同事在按照字母排列包含外文单词的街道名称时产生了分歧。我住在圣迭戈，这里有很多西班牙语的街道名。比如，我会把"Via Hacienda"放在字母 V 下面。但同事认为"Via"的意思是"街道"，所以这个词应该放在字母 H 下。她解释说，将这个词写成英文应该是"House Street"，所以应该放在字母 H 下。但我认为既然我们不说西班牙语，就应该遵循标准的英语字母排序规则。

答： 你是对的。圣迭戈的街道名称中可能有许多外文短语，除非读者了解所有的语言，否则按照你的同事的做法，这个列表将毫无用处。你可以看一下，旧金山市政府在街道指南中把"Via Bufano"放在了字母 V 下〔网址是 https://data.

sfgov.org/，请参见"Geographic Locations and Boundaries"
（地理位置和边界）下的"Street Names"（街道名称）条
目]。另一种解决方案是在两个位置都列出这个名字，或者
放入交叉引用条目：

Via Hacienda. *See* Hacienda, Via

或者

Hacienda, Via. *See* Via Hacienda

....

问： 有位作者的姓氏（姑且这么说）是圣詹姆斯（St. James），
我不知道该如何正确排列她的那条文献条目。按姓氏首字
母排列时，是把她的名字写成圣詹姆斯·伯莎（St. James,
Bertha）还是詹姆斯·圣伯莎（James, St. Bertha）？请帮
帮我！

答： 拥有圣詹姆斯这个姓氏，并不意味着她就成了圣人詹姆斯
（Saint James）——或圣人伯莎（Saint Bertha）。伯莎的姓
氏首字母是 S。

编辑的一团乱麻

问：亲爱的《芝加哥手册》，在一份商业名录中，每家公司的页面都有关于办公地点的内容，但只是列出了地名，没有列出地址。例如，一家公司的办公地点位于

——Illinois（伊利诺伊州）
——Madison Avenue（麦迪逊大道）
——Nevada（内华达州）
——San Diego（圣迭戈）
——Silicon Valley（硅谷）
——Wall Street（华尔街）

　　作为一名编辑，我担心像这样把州、城市和商业区混为一谈不合适。写成下面这样是否吹毛求疵了？

——Illinois（伊利诺伊州）
——Madison Avenue, New York City, New York
　　（纽约州纽约市麦迪逊大道）
——Nevada（内华达州）

——San Diego, California（加利福尼亚州圣迭戈市）

——Silicon Valley, California（加利福尼亚州硅谷）

——Wall Street, New York City, New York

（纽约州纽约市华尔街）

　　而我对第二个列表的疑虑是，如果不是美国人，也许根本就不了解或不在乎伊利诺伊州和内华达州的地理级别（这份名录将在美国以外的地区销售）。我可以先列出各州，然后把具体区域放在括号里：California (Silicon Valley)，但是感觉对于一家 IT 公司来说，重要的细节是硅谷而不是加利福尼亚州。谢谢你的建议！

答：我也觉得这个列表会让编辑眼冒金星，但是除非这家公司的主要客户群体是编辑，否则最好不要用太多信息来侮辱任何人的智商。如果你认为有人会感到困惑，你可以在街道名称中加上"NYC"（纽约市）。

....

问：我喜欢阅读每月的问答。这些答案似乎常常告诉提问者要多运用常识，并非每种情况都一定有一个正确答案，理解胜过一致和坚持。当然，有时你们也会提供一个正确答案。你们有什么理论或建议来区分不同的情况吗？

答：我们正在为此开发一个应用程序，与此同时，你必须相信自己的判断。

问：我正在编辑一篇论文，在参考文献部分发现了一个拼写错误的单词。我查看了原始期刊，发现它在出版时就有这个错误。我是应该更正这个错误还是保持原样？我的同事说应该保留这个错误，因为这是它最初印刷时的样子。非常感谢！

答：你可以更正这个错词（当然，你在改正前必须非常非常肯定这确实是个拼写错误）。如果一个错误影响重大，以至于你想明确地指出它，你可以把错误原样照录，并在之后写上 [*sic*]（原文如此）。但如果这样做只是为了揭露别人的错误，就太不厚道了。

问：我们正在编辑一本科学读物，必须采用英式英语拼写。根据词典，硫磺的美式拼写是"sulfur"，英式拼写是"sulphur"。但是作者在一章中使用了"sulfur"，在另一章中使用了"sulphur"。既然我们采用的是英式拼写，那么可以把"sulfur"改成"sulphur"吗？或者参考《芝加哥手

册》，因为 IUPAC[1]（国际纯粹与应用化学联合会）推荐的拼写是"sulfur"，那么不考虑是英式拼写还是美式拼写，我们能否把"sulphur"改成"sulfur"？

答： 天哪好纠结。你不能输 —— 选一个得了。

....

问： 我目前正在编辑一本儿童小说的手稿，这本书是用现在时态写的。几个月前，我在对另一份手稿进行美国化处理时，把书中的现在时改成了过去时。虽然我没有可引用的规则来证明我的决定是正确的，但我就是觉得这样的书应该用过去时写。用现在时写儿童小说很奇怪。我应该对这种情况睁一只眼闭一只眼，还是有足够的理由坚持自己原有的偏好？感谢你为我提供的任何信息。

答： 时态的选择是非常个人化的，对于小说家的写作意图来说也非常重要，所以把童书这整个类别的书籍限制在一种时态中是很轻率的决定。许多优秀的童书都是用现在时写成的。然而，如果你觉得用过去时能提高这本书的质量，你可以重写一两段，然后发给作者讨论。

....

1　全称为 International Union of Pure and Applied Chemistry。——编者注

问：应该怎么拼写出尖叫声？我见过"aaagh!"（啊！）、"argh!"（噢！）、"aahhh!"（哇！）等等。请告诉我，重复字母的次数是有限制的！

答：重复字母的次数是有限制的！遗憾的是，几乎在每种情况下限制都不同。

....

问：我的编辑把"如下所述"（as described below）改成了"如后文所述"（as described following），把"如上所述"（as noted above）改成了"如前文所述"（as noted before）。我原来的用法正确吗，或者至少可以被接受吗？我从没见过编辑所建议的用法。这种用法是否会成为一种趋势？请问《芝加哥手册》怎么看？谢谢。

答：你的用法是正确的，也可以被接受。编辑所做的修改既笨拙又不符合表达习惯。一些过分热心的编辑删除了"上"（above）和"下"（below）这样的方位介词，因为他们担心排版时这些词所指称的内容会出现在其他页面上，这样"上"和"下"就并非字面意义的"上"和"下"了。如果你的提示是在指示插图（你无法控制其最终位置），这种预防措施是合理的。否则，如果认为读者不理解"上"是指"之前"，"下"是指"之后"，那就太愚蠢了。协商该问题的方法之一是考虑文中是否真的需要像"如下所述"或"如上所述"这样的短语。这种短语暗示了作者不信任读者会继续阅读或记住他们读过的内容。

问：有时候，即使不加"that"这个词，句意也很清楚。问答版块中有一个例子："He thinks that, if he asks for directions, his membership in the brotherhood of men will be revoked"（他认为，如果他请求指示，他在兄弟会的成员资格将被撤销）。我认为"He thinks if he..."是正确的写法。

答：这两种结构都正确，但是如果省略"that"，下一个名词可能会被误认为动词的宾语，就会产生歧义。比如"I judged for thirty years the county fair pickling contest was rigged"的意思可能是"我判断，三十年来县集市腌制比赛被操纵了"，也可能是"我评判了三十年的县集市腌制比赛被操纵了"。加上"that"会更保险。无论出于什么原因，如果你觉得不妥，都可以重新考虑。

特殊符号

问：用"$%!#"这些特殊符号代替脏话的时候，有什么标准吗？

答：虽然在学术文章中对于怎样回避脏话并没有明确的规范，但奇怪的是，经常有人会问我们这个问题。（我不禁好奇谁在看我们的问答，而他们又在写些什么。）在漫画书和电子邮件中都可以使用这些符号，而且你想怎么排列就怎么排列。然而在正式文章中，我们认为使用全破折号写成"d--d"就是个不错的替代方法。

....

问：我想知道，如果人名中有拉丁字符（但不是拉丁语），你们对此有什么规定。我在工作时经常要写关于土耳其总理 Erdoğan（埃尔多安）的文章。英文出版物通常会把他的名字写成 Erdogan，但这样做的坏处是大家会把它拼读成 Er-do-gan（尔—杜—干），这听起来傻透了。我认为就应该写成 Erdoğan，这样更能反映这个名字本来的读音（和实际的拼写），这种字母对于英语读者来说也能够理解。不过我想听听你的看法。

答：只要排版人员可以排出正确的字母，就该尽量保留原样。不过引用你的文章的作者可能并不知道怎么打出特殊字符，而只打一个普通的字母 g，这就没办法了。在适当的情况下不妨加个括号或注释，告诉读者正确的读音是什么。

问：我注意到，在出版物中，关于是否要在关系符号之前或之后加空格的问题存在争议。我的疑问在于，为什么"<10 km"不加空格，"$p < .001$"却要加空格？

答：没错。当关系符号用作修饰语时，后面不加空格，例如"Results hold for all quantities <10 km"（结果适用于所有小于 10 km 的量）。但当关系符号作为动词时，两边都需要加空格，例如"Results hold for all quantities such that $p < .001$"（结果适用于所有量，因此 p 值低于 0.001）。

网 址

问：在行文中，是否有必要包括网站的域名扩展名？例如，"YouTube.com 的视频中有一只猫"，这看起来非常生硬。我正在编写的出版物学术性很强，但也不是专门为老年人准备的。在可以清晰指称网站的情况下，我可以去掉".com"吗？

答：嘿，老年人要告诉你，去掉域名扩展名时可要小心了，因为并非所有网站都以".com"结尾。如果在线搜索时确实能找到对应的网站（比如 YouTube），那还好。但如果你所说的网站名是个特别常用的名字，比如"Best Foods"，就会出现很多同名网站，而结尾的域名可能是".net"".org"".biz"或其他扩展名。

问：在一则故事中，如果最后的文本内容是网址、网站或电子邮件地址，结尾应该有句号吗？我发现如果加上句号，点击网址链接有时无法直接跳转到要显示的位置。

答：是的，即使句子以网址（或电子邮件地址）结尾，你也必须在句尾加上句号。如果链接必须是可点击的，请确保超链接的代码不包括最后一个句点。（大多数文字处理程序都允许你编辑超链接，即使它们是自动创建的。）如果你没有这个选项，那么可以考虑移动网址，使其不出现在句尾或者任何需要标点符号的地方。

问：我正在构建的在线课程包含很多对外部网站的引用，这应该如何呈现？有人说要用网站名称和网址，但它们都不应该是超链接。这听起来有点奇怪。有没有官方给出的"正确"方法？

答： 没有官方给出的正确方法。有时候，网址只作为文字而非超链接出现，是因为这些材料要被打印出来 —— 也许它们是老师在课堂上分发的材料 —— 读者在阅读时不一定能访问互联网。还有的时候，网址在文中作为例子出现（比如在我们的网站上），这也并不意味着它们要被访问。要找准你所处理的材料的用途。如果它纯粹是在线内容，或许你就应该指出，只写出网址却不提供链接会显得很不专业。

....

问： 你们有没有制定关于网址换行的规则？如果可能的话，我倾向于在斜线处断开，没有连字符（保持地址完整），但是"."应该怎么办？例如：eic.edu.gov.on.ca/html/dsbmaps.html（我还有一个例子，网址足足有一又四分之一行那么长）。

答： 在印刷出版物中，我们建议在句点和其他大多数标点符号（包括斜线）之后断开，但如果有双斜线，始终要在"http://"之后断开，这样可以清楚地表明网址还没有结束。切勿添加连字符来断开网址。更多详细信息和示例，请参阅《芝加哥手册》第 16 版 14.12 节。

你可以查一查

问：求助！我正在和我的出版商争论。我说"后座"这个词应该写成"back seat"，而她说应该是"backseat"。请告诉我哪一个正确，谢谢。

答：一个出版商和一个作家，谁都找不到词典吗？《韦氏大学英语词典》（第 11 版）说应该是"backseat"。

....

问：我在芝加哥在线指南中没有找到任何关于引用艺术展览目录的内容，但我经常需要引用这些内容。是我漏掉了什么吗？ 如果不是，你们会考虑把这些内容加入指南吗？ 这会很有帮助。谢谢。

答：展览目录的引用方式和书籍的引用方式一样。请参阅《芝加哥手册》14.250 节。你可以在"展览"（exhibitions）和"目录"（catalogs）下的索引中找到相关内容，也可以直接在搜索框中查询。（我们今天要教你如何钓鱼。）

....

问：在网站的最新问答中，我注意到一个答案中有"lowercased"（小写）这个词。这真的是个动词吗，还是名词被错误地转化成了动词？ 我无法想象你们会犯这样的错误，但我以前从未听说过这个动词!

答："lowercase"的确可以用作动词,不信你可以查一查词典。无论如何,我不知道有什么规则禁止把名词变成动词。英语很好的作家和演讲者们一直在做动词化这件事,而且有时效果很好。不过我理解你的反对意见。最近,当我听到有人说"Let's see if we can solution that"(让我们看看是否能解决这个问题)时,我也犹豫了。

问:你觉得哪种"酸橙派"最好,是"Key Lime pie""Key lime pie",还是"key lime pie"?

答:实际上我更喜欢山核桃,但如果你问的是拼写问题,请查阅词典。《韦氏大学英语词典》(第 11 版)更倾向于采用小写,不过要注意"Key"的首字母通常采用大写。

问:在两次不同的作家小组会议上,两位作家告诉我"OK"应该拼写成"okay"。他们都说这是《芝加哥手册》的要求,但我在手册中没有找到这条规则。我(从采用美联社格式的报纸中)学到的写法是"OK",我查阅的每一本词典都把"OK"列在第一位。《芝加哥手册》是否明确规定过"okay"这种写法?这两位作家是否混淆了出版商的格式和《芝加哥手册》的格式?

答：《芝加哥手册》没有具体说明，但实际上，手册中出现了两次 "OK"（分别在 2.66 节和 7.48 节，2.113 节没有计算在内），根本没有出现过 "okay"。在问答版块中两种写法都出现过。（在芝加哥手册在线搜索框中输入这两个单词，你就能了解了。）我们遵循《韦氏大学英语词典》（第 11 版），把 "OK" 放在第一位 —— 但这并不意味着 "OK" 是首选。相反，"okay" 只是一个变体（它也是标准的写法）。无论如何，你的作家朋友被误导了。使用公认的拼写可以减少出错。使用格式表可以确保文档格式的一致性。

问：在很多层面上，真正的新闻业已经死了，但这些记者有什么权力让英语为之陪葬？我指的是类似下面的这种表述："The defendant PLEADED not guilty at the arraignment"（被告在提审时辩护说自己无罪）。这些人是从未见过或听过 "pled"（辩护）这个词吗，还是我忽略了什么规则？

答：不好意思，你的确忽略了有关规则。（你可以在一本好词典中查一查这样的用法。）

问：为什么在《芝加哥手册》里找东西这么难？

答：又是这样的问题。如果有搜索框或索引就好了……

这事可太吓人了

问： 按字母顺序排列图书标题的任务把我弄得焦头烂额，因为许多标题都有冒号或逗号，在某些情况下标题和副标题之间还有破折号，这对我来说很有难度。鉴于我正在处理的标题数量巨大，我想忽略所有标点符号，但是下面这种情况该怎么办？我能忽略破折号、逗号和冒号，直接看"Band"后面的词吗？信不信由你，这些都是真实的例子："*The Beatles—Rock Band*"（《披头士——摇滚乐队》），"*The Beatles, Rock Band*"（《披头士，摇滚乐队》），"*The Beatles: Rock Band*"（《披头士：摇滚乐队》），"*The Beatles Rock Band*"（《披头士摇滚乐队》）。

答： 通常情况下，按字母排序时需要考虑的标点符号是括号和逗号，但在有主标题和副标题的情况下，冒号就变成最重要的了。在你的例子中，"*The Beatles: Rock Band*"应该排在第一位。至于其他标点，按照你喜欢的顺序排列并记录在格式表中就可以了。在标题中，破折号和逗号有时能起到与冒号相同的作用（把主标题和副标题分开），所以你可以把"*The Beatles—Rock Band*"和"*The Beatles, Rock Band*"放在后面。请注意，这个问题对于读者来说不算重要。因为无论你如何排列这些几乎相同的标题，它们对于读者来说都是便于查阅的。不必为此焦头烂额。

问：最近出现的一种格式趋势让我彻夜难眠，那就是无法通过换行符或缩进来辨别是否为新段落。

例如，这是文本中新的一行，也就是我所指的情况。这是不是新段落？怎么判断呢？这一点重要吗？

我最开始在广告文案中看见了这种模棱两可的格式（当时我认为这是一个不带编号的条目）。但悲剧的是，昨天我在一本小说背面的评论中也发现了同样的情况：每句话都是新的一行，我却无法分辨这是不是新段落。

我已经被这封电子邮件的格式惹恼了！请帮帮我！

答：我怀疑这种格式是由于文字处理不当而无意中出现的，但现在已经成为一种时尚。当电子文件在排版过程中被转换为另一种格式时，缩进格式（并非键入的标签）可能会丢失。在一些情况下（如书籍封面）这可能会作为一种时尚的设计策略，但在文本中这种格式很影响阅读。虽然我不确定这种趋势是否符合"悲剧"的标准，但对于我们这些需要睡眠的人来说，这确实是无益的。

问：哦，英语专家们，请问在正式写作中，在句尾同时加上问号和感叹号是否合适？这位作者有几处要特别强调的地方，所以现在有一句话的结尾有两个标点。请问我该对这位作者说什么？我永远感激你。

答：在正式写作中，只有当作者在写作的同时遭到肉体攻击的情况下，我们才允许同时使用这两种标点。否则，不行。

....

问：我来这个网站是想说一下《芝加哥手册》第 14 版 8.40 节的"世纪和年代"（Centuries and Decades）条目。你们给出的年代示例有"1800—1809"和"1910—1919"，但是我认为这样的例子不对。年代必须是十年，而且必须是连续的，同时年代不能像你的例子中那样跨越整千年和整世纪。比如，1800 年是 18 世纪的最后一年，而不是 19 世纪的第一年；20 世纪的第二个十年是 1911—1920，而不是 1910—1919。我不想找碴，但是在考虑格式之前，准确性不是所有写作中不可或缺的因素吗？另外，写作格式难道应该基于流行文化而不是基于逻辑吗？我对手册中的这一条感到困惑，希望你们能告诉我这样做的理由。

答：欢迎来到《芝加哥手册》第 16 版（以及 21 世纪）！正如任何语言学家都会证实的那样，在语法和格式问题上，约定俗成的规则往往比逻辑更重要，对此我们几乎没什么可做的。如果你决定发起一场运动，硬要把逻辑强加于如何判定年代和整千年的问题，我们祝你好运。与此同时，你应该会开心地发现，《芝加哥手册》第 15 版和第 16 版都承认你的体系："另需注意，以 21 世纪为例，有人认为 21 世纪的第一个十年是从 2001 年到 2010 年，第二个十年是从 2011 年到 2020 年，以此类推。在这个问题上，本手册建议尊重作者的喜好。"（分别在 9.37 节和 9.34 节。）

问：我在写一本小说。我该如何在作品正文中写出歌曲的标题（大写、粗体、下划线、斜体等）？例如：

The Zombies' "She's Not There" looped in his head.
僵尸乐队的《她不在这儿》在他的脑海中回荡。

答：不！现在这首歌在我的脑海中回荡了（"但是现在说对不起已经太迟了……"）。使用引号。非常感谢。

问：合同通常会把术语的定义放在引号和括号内，例如：

ABC Corp. (the "Seller") shall sell ten widgets to XYZ Corp. (the "Buyer").

ABC 公司（"卖方"）将向 XYZ 公司（"买方"）出售十个小部件。

起草这样一份合同时，如果处在句子的结尾，我总是在右括号后面加上一个句号，比如上面这个例子。但是，如果忽略括号内容，句号实际上就和缩写中的句点连在一起了，这对我来说就像听指甲划过黑板一样难受。你有什么建议？

答：做做瑜伽？

· ·

问：你如何从一个重大的校对失误中走出来——那种让所有人都大吃一惊且很尴尬的失误。

答：当然，我们对此没有什么经验。难道绝对没有办法把责任归咎到他人身上吗？如果没有，也许你应该保持低调，直到这件事被人淡忘。对你来说幸运的是，校对员这个身份本来就很低调。

· ·

问：我的书架满了，必须做出艰难的取舍，为新书腾出一些空间。

有什么理由留着《芝加哥手册》的第 14 版和第 15 版吗?

答：这是个什么问题。如果你有更多的孩子,你会抛弃第一个
孩子吗? 找块木板再搭个架子吧。